Descubre los secretos de la astrología

Susan Montalvo

Published by Academia Astral, 2024.

DESCUBRE LOS SECRETOS DE LA ASTROLOGÍA

First edition. April 16, 2024.

ISBN: 979-8224599790

Written by Susan Montalvo.

Tabla de Contenido

Introducción

En este atrapante libro te embarcarás en un fascinante viaje hacia el cosmos de la astrología, donde descubrirás los misterios detrás de los doce signos del zodiaco y cómo sus energías influencian nuestras vidas de maneras profundas y significativas.

La astrología ha cautivado a la humanidad durante siglos, ofreciendo una ventana única para comprender nuestra propia naturaleza y las complejidades de nuestras relaciones. A través de la observación de los movimientos planetarios y la interpretación simbólica de sus posiciones, la astrología nos brinda una herramienta poderosa para autoexploración, crecimiento personal y comprensión de los demás.

En esta guía completa, desentrañaremos los secretos de cada uno de los doce signos del zodiaco, desde el intrépido Aries hasta el compasivo Piscis. Exploraremos en detalle las características distintivas de cada signo, revelando sus fortalezas, debilidades y rasgos más destacados de personalidad. Además, profundizaremos en el fascinante mundo de la compatibilidad astrológica, examinando cómo los diferentes signos interactúan entre sí y ofreciendo valiosos consejos para cultivar relaciones exitosas y duraderas.

Ya sea que estés buscando comprender mejor tu propia naturaleza, mejorar tus relaciones personales o simplemente explorar el vasto universo de la astrología, esta guía es tu compañera esencial en el camino hacia el autoconocimiento y la conexión con los demás. Prepárate para adentrarte en un viaje transformador de descubrimiento y comprensión mientras desvelamos los secretos del zodiaco y abrazamos el poder de las estrellas.

Capítulo 1: Aries - El Impulsivo

En el comienzo de nuestro viaje a través de los signos del zodíaco, nos encontramos con Aries, el intrépido pionero del cosmos astrológico. Representado por el valiente carnero, Aries encarna la esencia misma de la acción, la energía y la aventura en el zodiaco.

Como el primer signo del zodíaco, Aries marca el comienzo de un nuevo ciclo astral. Es un signo de fuego, que arde con una pasión inagotable y una determinación feroz. Aries se caracteriza por su valentía innata y su disposición a enfrentar cualquier desafío con coraje y convicción.

En el ámbito de la personalidad, Aries es conocido por su naturaleza impulsiva y enérgica. Es un líder natural que no teme tomar la iniciativa y abrir nuevos caminos. La audacia y la confianza de Aries son contagiosas, inspirando a otros a seguir su ejemplo y perseguir sus propios sueños con igual fervor.

Su impulsividad puede llevar a Aries a actuar sin pensar en las consecuencias. Su impaciencia y su deseo de acción pueden hacer que se precipite hacia adelante sin considerar todos los aspectos de una situación. Aries puede ser propenso a tomar decisiones precipitadas o a saltar a conclusiones rápidas, lo que puede llevar a problemas potenciales en su camino.

En el ámbito de las relaciones, Aries es apasionado y directo. Valora la honestidad y la franqueza en sus interacciones con los demás, y espera lo mismo a cambio. Aries se entrega por completo a sus relaciones, buscando conexiones profundas y significativas basadas en el respeto mutuo y la confianza.

Sin embargo, su impaciencia y su tendencia a la impulsividad pueden presentar desafíos en las relaciones. Aries puede abrumar a sus parejas con su intensidad y su deseo de acción constante. Puede necesitar aprender a escuchar y comprometerse más en sus relaciones, en lugar de insistir en tener siempre la razón o imponer su voluntad.

Para convivir armoniosamente con Aries, es importante valorar su energía contagiosa y su valentía. Se debe apoyar sus sueños y aspiraciones, y alentar su espíritu emprendedor. Al mismo tiempo, se debe ayudar a canalizar su energía de manera constructiva, fomentando la reflexión y la consideración antes de actuar.

1.1 Personalidad de Aries:

En esta sección descubriremos cómo la impulsividad y la determinación se entrelazan en la vida de Aries, forjando un carácter audaz y decidido que enfrenta los desafíos con fervor. Además, examinaremos cómo estas cualidades pueden influir en su forma de interactuar con el mundo y las personas que lo rodean, ofreciendo una comprensión más profunda de lo que impulsa a este apasionado signo en su búsqueda de aventuras y logros.

Los Aries son conocidos por una serie de rasgos destacados que definen su personalidad vibrante y enérgica. Su naturaleza impulsiva y su espíritu audaz los convierten en líderes naturales y pioneros en cualquier situación. La energía inagotable de Aries los impulsa a enfrentar desafíos con valentía y determinación, sin temor a tomar riesgos para alcanzar sus metas.

Además de su pasión y entusiasmo contagioso, los Aries son reconocidos por su independencia y espíritu libre. Prefieren seguir sus propios instintos y tomar la iniciativa en lugar de esperar a que otros tomen la delantera. Su naturaleza competitiva les impulsa a destacarse en todo lo que hacen, ya sea en el trabajo, los deportes o cualquier otro ámbito de sus vidas.

Los Aries también son conocidos por su honestidad directa y franca. No tienen miedo de expresar sus opiniones y defender sus creencias con fervor. Sin embargo, esta franqueza puede llevarlos a veces a ser impulsivos o impacientes, especialmente cuando se sienten frustrados o limitados por las circunstancias.

Entre las fortalezas de Aries se destacan su valentía y determinación. Son líderes naturales y están dispuestos a tomar la iniciativa en cualquier situación. Su energía inagotable y su espíritu audaz los convierten en pioneros en la búsqueda de nuevos horizontes y desafíos. Además, su honestidad directa y su franqueza les permiten expresar sus opiniones sin rodeos, lo que les ayuda a enfrentar los problemas de manera directa y resolver conflictos de manera eficiente.

Sin embargo, estas mismas cualidades pueden convertirse en debilidades en ciertas circunstancias. La impulsividad de Aries puede llevarlos a tomar decisiones precipitadas sin considerar todas las consecuencias. Su impaciencia puede hacer que se frustren fácilmente cuando las cosas no van según lo planeado, y su tendencia a ser dominantes puede generar conflictos en sus relaciones interpersonales.

Además, la competitividad innata de Aries puede llevarlos a compararse constantemente con los demás y a buscar constantemente la validación externa. Esta búsqueda de reconocimiento puede hacer que descuiden su bienestar emocional y se vuelvan demasiado centrados en el éxito externo.

En el ámbito laboral, Aries tiende a ser un líder natural, con una energía y determinación que los impulsa a asumir roles de liderazgo y a tomar la iniciativa en proyectos y decisiones importantes. Su valentía y confianza los hacen destacarse en entornos laborales competitivos, donde están dispuestos a asumir riesgos calculados para lograr el éxito.

Aries también se destaca por su capacidad para trabajar de manera independiente y tomar decisiones rápidas y efectivas. Su naturaleza emprendedora y su enfoque directo les permite abordar los desafíos con audacia y resolver problemas de manera eficiente. Sin embargo, su impaciencia y tendencia a la impulsividad pueden llevarlos a saltar a conclusiones apresuradas o a perder interés en proyectos que no les estimulen lo suficiente.

En cuanto a las relaciones personales, Aries es apasionado y leal, y busca relaciones igualmente emocionantes y dinámicas. Valoran la honestidad y la franqueza en sus relaciones, y esperan lo mismo de sus parejas. Aries disfruta de la competencia saludable y la estimulación mental en sus relaciones, pero también necesitan espacio para seguir sus propios intereses y perseguir sus objetivos individuales.

Sin embargo, la impaciencia y la tendencia a tomar decisiones rápidas pueden presentar desafíos en las relaciones para Aries. Pueden necesitar trabajar en la comunicación efectiva y en la comprensión de las necesidades y perspectivas de sus parejas para cultivar relaciones duraderas y satisfactorias.

1.2 Compatibilidad de Aries:

La compatibilidad de Aries con los 12 signos del zodíaco puede variar ampliamente debido a las diferencias en personalidad, energía y estilo de vida entre cada signo. Aries es un signo de fuego, lo que significa que comparte cualidades como la pasión, la energía y la determinación. Sin embargo, la dinámica de la relación puede cambiar dependiendo del elemento del signo con el que se empareje.

Comenzando con Aries con otros signos de fuego, como Leo y Sagitario, la compatibilidad suele ser alta debido a la afinidad compartida por la aventura, la pasión y el entusiasmo. Estos signos comparten una mentalidad abierta hacia la vida y pueden inspirarse mutuamente para perseguir sus metas y sueños. Sin embargo, pueden surgir conflictos debido a la competencia y la tendencia a ser dominantes en la relación.

Cuando se trata de la compatibilidad de Aries con signos de aire, como Géminis, Libra y Acuario, la relación puede ser estimulante y llena de conversaciones fascinantes. Aries disfruta de la compañía de estos signos intelectuales y sociables, pero pueden surgir desafíos debido a diferencias en la forma de abordar los problemas y comunicarse.

Con signos de tierra, como Tauro, Virgo y Capricornio, la compatibilidad puede variar. Aries puede sentirse atraído por la estabilidad y la seguridad que ofrecen estos signos, pero también pueden surgir conflictos debido a diferencias en la forma de abordar la vida y las metas.

La compatibilidad de Aries con signos de agua, como Cáncer, Escorpio y Piscis, puede ser una mezcla interesante de pasión y sensibilidad. Aries puede encontrar atractiva la profundidad emocional de estos signos, pero también pueden surgir desafíos debido a diferencias en la forma de expresar y manejar las emociones.

· · · ·

Aries con otros signos de fuego (Leo y Sagitario)

Aries y Leo: Esta es una combinación llena de energía y entusiasmo. Ambos son signos de fuego, lo que significa que comparten una naturaleza apasionada y enérgica. Tanto Aries como Leo son líderes naturales y les encanta asumir desafíos. Pueden inspirarse mutuamente y disfrutar de una competencia amistosa y estimulante. Sin embargo, debido a que ambos son signos dominantes, pueden surgir conflictos de poder ocasionalmente. La clave para una relación exitosa entre Aries y Leo es el respeto mutuo y la disposición para comprometerse.

Aries y Sagitario: Esta combinación es extremadamente compatible, ya que ambos signos comparten una pasión por la aventura, la libertad y la exploración. Tanto Aries como Sagitario disfrutan de la emoción de descubrir cosas nuevas y pueden inspirarse mutuamente para perseguir sus objetivos y sueños. Comparten una visión optimista de la vida y disfrutan de la compañía del otro. Su relación está llena de diversión, risas y aventuras emocionantes. Sin embargo, ambos son signos impulsivos, lo que significa que pueden enfrentar desafíos si no logran comunicarse efectivamente y considerar las necesidades del otro.

Aries con signos de aire (Géminis, Libra y Acuario)

Aries y Géminis: Esta combinación puede ser emocionante y estimulante, ya que ambos signos tienen una energía vibrante y una mentalidad abierta hacia la vida. Aries admira el ingenio y la versatilidad de Géminis, mientras que Géminis se siente atraído por la valentía y la determinación de Aries. Sin embargo, pueden surgir conflictos debido a las diferencias en la forma de abordar los problemas; Aries puede encontrar a Géminis demasiado indeciso, mientras que Géminis puede sentirse abrumado por la impulsividad de Aries.

Aries y Libra: Esta combinación puede ser un desafío debido a las diferencias fundamentales en la forma de ver la vida. Aries es directo y espontáneo, mientras que Libra tiende a ser más equilibrado y diplomático. Sin embargo, si ambos signos están dispuestos a comprometerse y aprender el uno del otro, pueden complementarse bien. Aries puede enseñar a Libra a tomar decisiones con confianza, mientras que Libra puede ayudar a Aries a considerar las perspectivas de los demás antes de actuar.

Aries y Acuario: Esta combinación puede ser emocionante y llena de aventuras, ya que ambos signos comparten una pasión por la libertad y la innovación. Aries admira la originalidad y la independencia de Acuario, mientras que Acuario aprecia la valentía y la determinación de Aries. Ambos disfrutan de la estimulación mental y pueden tener conversaciones fascinantes. Sin embargo, pueden surgir conflictos si no logran comprometerse; Aries puede encontrar a Acuario demasiado distante emocionalmente, mientras que Acuario puede sentirse restringido por la intensidad de Aries.

Aries con signos de tierra (Tauro, Virgo y Capricornio)

Aries y Tauro: Esta combinación puede ser desafiante debido a las diferencias fundamentales en la forma de abordar la vida. Aries es impulsivo y aventurero, mientras que Tauro valora la estabilidad y la seguridad. Sin embargo, si ambos signos están dispuestos a comprometerse, pueden aprender el uno del otro. Aries puede inspirar a Tauro a salir de su zona de confort y perseguir sus sueños, mientras que Tauro puede enseñar a Aries la importancia de la paciencia y la perseverancia.

Aries y Virgo: Esta combinación puede ser una mezcla interesante de pasión y pragmatismo. Aries admira la meticulosidad y la inteligencia de Virgo, mientras que Virgo aprecia la valentía y la determinación de Aries. Ambos pueden complementarse bien si están dispuestos a aprender el uno del otro. Aries puede enseñar a Virgo a ser más espontáneo y a no preocuparse tanto por los detalles, mientras que Virgo puede ayudar a Aries a ser más organizado y enfocado en sus objetivos.

Aries y Capricornio: Esta combinación puede ser una asociación poderosa si ambos signos están dispuestos a trabajar juntos hacia un objetivo común. Aries admira la ambición y la determinación de Capricornio, mientras que Capricornio aprecia la energía y el entusiasmo de Aries. Si logran combinar sus fuerzas, pueden lograr grandes cosas juntos. Sin embargo, pueden surgir conflictos debido a las diferencias en la forma de abordar los desafíos; Aries tiende a ser más impulsivo, mientras que Capricornio prefiere tomar decisiones cuidadosamente calculadas.

Aries con signos de agua (Cáncer, Escorpio y Piscis)

Aries y Cáncer: Esta combinación puede ser desafiante debido a las diferencias en la forma de abordar las emociones. Aries tiende a ser directo y desinhibido, mientras que Cáncer es más sensible y emocional. Sin embargo, si ambos signos están dispuestos a comprometerse y aprender el uno del otro, pueden encontrar un equilibrio. Aries puede enseñar a Cáncer a ser más valiente y asertivo, mientras que Cáncer puede ayudar a Aries a conectar con sus emociones y ser más compasivo.

Aries y Escorpio: Esta combinación puede ser intensa y apasionada, ya que ambos signos comparten una naturaleza ardiente y emocional. Aries admira la intensidad y la determinación de Escorpio, mientras que Escorpio aprecia la valentía y la franqueza de Aries. Ambos pueden disfrutar de una conexión profunda y emocional si logran superar sus diferencias. Sin embargo, pueden surgir conflictos debido a la naturaleza posesiva de Escorpio y la impulsividad de Aries.

Aries y Piscis: Esta combinación puede ser una mezcla de fuego y agua, con una dinámica interesante entre la pasión y la sensibilidad. Aries admira la creatividad y la compasión de Piscis, mientras que Piscis se siente atraído por la valentía y la determinación de Aries. Sin embargo, pueden surgir conflictos debido a las diferencias en la forma de abordar la vida; Aries tiende a ser más directo y desinhibido, mientras que Piscis es más intuitivo y emocional. Si logran comunicarse abierta y honestamente, pueden aprender mucho el uno del otro y construir una relación sólida y satisfactoria.

Consejos para relaciones exitosas con Aries

1. **Valora su independencia:** Aries valora su libertad y autonomía. Respeta su necesidad de espacio y tiempo para perseguir sus intereses individuales.
2. **Sé directo y honesto:** Aries aprecia la franqueza y la transparencia en las relaciones. Comunica tus pensamientos y sentimientos de manera clara y directa.
3. **Apoya sus metas y aspiraciones:** Aries es ambicioso y está constantemente buscando nuevos desafíos. Apoya sus objetivos y muéstrale que estás ahí para ayudarlo a alcanzar sus sueños.
4. **Comparte aventuras emocionantes:** Aries disfruta de la emoción y la aventura. Planifica actividades emocionantes y estimulantes juntos para mantener viva la chispa en la relación.
5. **Sé paciente y comprensivo:** Aries puede ser impulsivo e impaciente en ocasiones. Practica la paciencia y la comprensión cuando surjan conflictos o desacuerdos.
6. **Fomenta la comunicación abierta:** Establece un ambiente donde Aries se sienta cómodo expresando sus pensamientos y sentimientos. Fomenta la comunicación abierta y constructiva en la relación.
7. **Muestra aprecio y admiración:** Aries disfruta de ser reconocido y apreciado. Expresa tu admiración por sus logros y cualidades únicas con regularidad.
8. **No temas desafiarlo:** Aries disfruta de la competencia saludable y la estimulación mental. No temas desafiar sus ideas o puntos de vista, siempre y cuando sea de manera respetuosa y constructiva.

9. **Encuentra un equilibrio entre independencia y conexión:** Encuentra un equilibrio saludable entre pasar tiempo juntos y permitir que cada uno tenga su propio espacio. Respeta su necesidad de independencia mientras cultivas una conexión emocional sólida.

10. **Celebra sus éxitos juntos:** Celebra los logros y éxitos de Aries juntos como pareja. Comparte su entusiasmo y alegría, y demuestra tu apoyo incondicional en sus momentos de triunfo.

· · · ·

1.3 Consejos para convivir con Aries:

Siguiendo estos consejos, puedes construir y mantener una relación exitosa y satisfactoria con Aries, aprovechando al máximo la pasión y la energía que este signo tiene para ofrecer.

Cómo entender y apreciar la energía de Aries:

- Reconoce y valora la naturaleza enérgica y apasionada de Aries. Aprecia su entusiasmo y determinación en todo lo que hace.
- Comprende que Aries es impulsivo por naturaleza y disfruta de la emoción de los desafíos. Respeta su necesidad de acción y aventura.

Estrategias para manejar conflictos con Aries

- Sé directo y claro al comunicarte con Aries. Evita los juegos de manipulación o las indirectas, ya que Aries prefiere la franqueza.

- Mantén la calma y evita confrontaciones innecesarias.
  Aries puede ser rápido para enojarse, pero también se
  calma rápidamente si abordas los problemas de manera
  racional.
- Escucha activamente las preocupaciones y puntos de vista
  de Aries. Valora su opinión y demuestra empatía hacia sus
  sentimientos.

Formas de apoyar y motivar a Aries

- Ofrece tu apoyo incondicional a los proyectos y metas de
  Aries. Anímale a perseguir sus sueños con confianza y
  determinación.
- Proporciona estímulo y aliento constante. Aries se motiva
  con el reconocimiento y el aprecio por sus logros.
- Participa en actividades emocionantes y desafiantes
  juntos. Aries disfruta de la compañía de personas que
  comparten su entusiasmo por la vida y están dispuestas a
  aventurarse en nuevas experiencias.

Al comprender y respetar la energía única de Aries, así como
implementar estrategias efectivas para manejar conflictos y brindar
apoyo, puedes cultivar una convivencia armoniosa y satisfactoria
con este apasionado signo del zodíaco.

Capítulo 2: Tauro - El Persistente

En el segundo capítulo de nuestro viaje astrológico, nos adentramos en el mundo terrenal y sólido de Tauro, el persistente del zodiaco. Conocido por su determinación inquebrantable y su enfoque práctico de la vida, Tauro es un signo que encarna la estabilidad y la perseverancia en todas sus formas.

Tauro, representado por el toro, es un signo de tierra que se aferra firmemente a sus valores y principios. Dotado de una naturaleza paciente y tranquila, Tauro tiende a avanzar a su propio ritmo, sin dejarse llevar por las prisas del mundo que lo rodea. Es un buscador de seguridad y estabilidad en todos los aspectos de la vida, desde las relaciones hasta las finanzas y el trabajo.

En el ámbito de la personalidad, Tauro se caracteriza por su determinación y resistencia. Una vez que Tauro se fija en un objetivo, no hay nada que lo detenga en su camino hacia el éxito. Su persistencia y dedicación son admirables, y rara vez se desvía de su curso, incluso frente a los mayores desafíos. Tauro valora la consistencia y la confiabilidad en sí mismo y en los demás, y busca construir una vida sólida y segura sobre cimientos firmes.

Sin embargo, esta persistencia puede convertirse en obstinación en ciertas situaciones. Tauro puede aferrarse a sus puntos de vista y opiniones con terquedad, lo que puede dificultar la flexibilidad y la adaptación a nuevas circunstancias. Su naturaleza materialista puede llevarlo a centrarse en la comodidad y la seguridad material, a veces descuidando las dimensiones más emocionales y espirituales de la vida.

En el ámbito de las relaciones, Tauro es leal y confiable, buscando relaciones estables y duraderas basadas en la confianza mutua y el compromiso. Valora la conexión profunda y emocional con su pareja, y está dispuesto a invertir tiempo y esfuerzo en construir una relación sólida y satisfactoria. Sin embargo, puede ser posesivo en sus afectos, y a veces puede ser reacio a aceptar cambios o compromisos en la relación.

Para convivir armoniosamente con Tauro, es importante valorar su naturaleza paciente y persistente, y ofrecer apoyo y estímulo en sus esfuerzos. Se debe respetar su necesidad de seguridad y estabilidad, al tiempo que se fomenta la flexibilidad y la adaptabilidad cuando sea necesario. La comunicación abierta y honesta es fundamental en la relación con Tauro, así como el reconocimiento y la apreciación de sus esfuerzos y logros.

2.1 Personalidad de Tauro:

La personalidad de Tauro está marcada por su naturaleza terrenal y su determinación inquebrantable. Representado por el toro, Tauro es conocido por su fortaleza, estabilidad y resistencia. Los nativos de Tauro tienden a ser prácticos, pacientes y decididos en todo lo que hacen.

En términos de características positivas, los tauro suelen ser personas leales, confiables y persistentes. Valoran la seguridad y la estabilidad en todos los aspectos de la vida, desde las relaciones personales hasta las finanzas y la carrera profesional. Son trabajadores incansables que no se rinden fácilmente ante los desafíos, y están dispuestos a invertir tiempo y esfuerzo en alcanzar sus metas.

Sin embargo, la naturaleza persistente de Tauro puede llevarlos a ser tercos y obstinados en ocasiones. Pueden aferrarse a sus puntos de vista y opiniones con tenacidad, incluso cuando podría ser beneficioso considerar otras perspectivas. Además, su deseo de comodidad y seguridad material a veces puede hacer que sean reacios a asumir riesgos o a salir de su zona de confort.

Características típicas de Tauro

Tauro, el signo del zodíaco representado por el toro, es conocido por su firmeza, estabilidad y determinación. Estas características típicas definen la personalidad de Tauro en una variedad de aspectos de la vida.

En primer lugar, la lealtad es una cualidad innata en los tauro. Son personas confiables y leales en sus relaciones personales, profesionales y familiares. Una vez que un Tauro establece un vínculo, puede confiar en él para estar presente y brindar apoyo incondicional en todo momento.

La paciencia es otra característica clave de Tauro. Los nacidos bajo este signo astrológico tienden a tener una disposición tranquila y serena, capaces de esperar el tiempo que sea necesario para alcanzar sus metas. Esta paciencia les permite perseverar incluso en las situaciones más desafiantes, demostrando una resistencia inquebrantable frente a la adversidad.

La determinación es una cualidad distintiva de Tauro. Una vez que han fijado su mente en un objetivo, nada los detendrá en su búsqueda para lograrlo. Los tauro son conocidos por su enfoque obstinado y tenaz, dispuestos a trabajar arduamente y superar cualquier obstáculo que se interponga en su camino hacia el éxito.

El sentido práctico es una característica fundamental de Tauro. Prefieren abordar la vida de manera realista y pragmática, tomando decisiones basadas en la lógica y la sensatez en lugar de dejarse llevar por emociones o impulsos. Esta mentalidad práctica los hace excelentes solucionadores de problemas y les permite tomar decisiones fundamentadas y sólidas.

El enfoque práctico de Tauro en la vida

Tauro tiene un enfoque práctico y realista de la vida que se refleja en su forma de abordar las situaciones cotidianas. Prefieren tomar decisiones basadas en hechos y datos concretos en lugar de confiar en la especulación o la intuición.

En el ámbito profesional, Tauro es trabajador y perseverante, enfocándose en alcanzar sus objetivos a través de un esfuerzo constante y dedicado. Son prácticos en sus enfoques de trabajo, prefiriendo métodos probados y verdaderos en lugar de experimentar con enfoques no comprobados.

En las relaciones personales, Tauro valora la estabilidad y la seguridad. Prefieren construir relaciones sólidas y duraderas basadas en la confianza mutua y el compromiso. Su enfoque práctico los hace compañeros confiables y comprensivos, capaces de brindar apoyo y estabilidad a sus seres queridos en momentos de necesidad.

En cuanto a las finanzas, Tauro es conocido por su prudencia y sensatez. Son ahorradores astutos que prefieren tener una base financiera sólida en lugar de vivir al límite. Su enfoque práctico de las finanzas les permite administrar sus recursos de manera efectiva y planificar para el futuro con precaución y previsión.

Valores y principios de Tauro

Los valores y principios de Tauro están arraigados en la estabilidad, la seguridad y la autenticidad. Valorizan la honestidad, la lealtad y la integridad en todas sus interacciones y relaciones. La confianza mutua es fundamental para Tauro, y esperan que los demás se adhieran a los mismos estándares elevados de honestidad y respeto.

La estabilidad es otro valor central para Tauro. Buscan crear un entorno seguro y predecible en todas las áreas de sus vidas, desde las relaciones hasta las finanzas y la carrera profesional. La consistencia y la confiabilidad son cualidades altamente valoradas por Tauro, y se esfuerzan por mantener estas cualidades en todas sus acciones y decisiones.

La determinación y la perseverancia también son valores importantes para Tauro. Están dispuestos a trabajar arduamente y superar cualquier obstáculo que se interponga en su camino hacia el éxito. Su determinación inquebrantable y su enfoque tenaz los hacen capaces de alcanzar incluso las metas más ambiciosas y desafiantes.

2.2 Compatibilidad de Tauro:

La compatibilidad de Tauro con los 12 signos del zodíaco varía según las características individuales de cada signo y cómo se complementan entre sí. Tauro, representado por el toro, es un signo de tierra que valora la estabilidad, la seguridad y la lealtad en las relaciones. Su enfoque práctico de la vida y su determinación inquebrantable pueden influir en la dinámica de la relación con otros signos.

Comenzando con la compatibilidad de Tauro con otros signos de tierra, como Virgo y Capricornio, esta combinación tiende a ser armoniosa y estable. Todos estos signos comparten valores similares de seguridad y estabilidad, lo que puede crear una base sólida para una relación duradera. Sin embargo, pueden surgir conflictos debido a la terquedad compartida y la resistencia al cambio.

En cuanto a la compatibilidad de Tauro con signos de agua, como Cáncer, Escorpio y Piscis, la relación puede ser profunda y emocional. Tauro aprecia la sensibilidad y la comprensión de los signos de agua, mientras que estos valoran la lealtad y la estabilidad de Tauro. Sin embargo, pueden surgir desafíos debido a las diferencias en la forma de expresar y manejar las emociones.

Con respecto a la compatibilidad de Tauro con signos de aire, como Géminis, Libra y Acuario, la relación puede ser interesante pero desafiante. Tauro valora la estabilidad y la seguridad, mientras que los signos de aire tienden a ser más volátiles y cambiantes en sus enfoques de la vida. Sin embargo, si ambos signos están dispuestos a comprometerse y aprender el uno del otro, pueden encontrar un equilibrio satisfactorio.

En términos de la compatibilidad de Tauro con signos de fuego, como Aries, Leo y Sagitario, la relación puede ser emocionante pero también puede presentar desafíos. Tauro valora la estabilidad y la seguridad, mientras que los signos de fuego son más impulsivos y aventureros en su enfoque de la vida. Pueden surgir conflictos debido a diferencias en la forma de abordar los problemas y tomar decisiones.

Tauro con otros signos de tierra (Virgo y Capricornio)

La compatibilidad entre Tauro y otros signos de tierra, como Virgo y Capricornio, suele ser bastante armoniosa y sólida debido a que comparten valores, temperamentos y enfoques similares de la vida.

Tauro con Virgo: Esta combinación es altamente compatible debido a la afinidad natural entre ambos signos. Tanto Tauro como Virgo valoran la estabilidad, la seguridad y la honestidad en una relación. Ambos son prácticos, trabajadores y confiables, lo que les permite entender y apoyar los objetivos y necesidades del otro. Su relación tiende a ser estable y duradera, ya que se complementan mutuamente en muchos aspectos de la vida.

Tauro con Capricornio: Tauro y Capricornio forman una combinación sólida y pragmática. Ambos son signos terrenales que aprecian la estabilidad financiera, el compromiso y el trabajo duro. Comparten una mentalidad ambiciosa y orientada hacia metas, lo que les permite colaborar eficazmente para alcanzar sus objetivos. Su relación se caracteriza por la lealtad, la confianza mutua y el respeto, lo que los convierte en una pareja formidable tanto en el amor como en el trabajo.

Tauro con signos de agua (Cáncer, Escorpio y Piscis)

Tauro con Cáncer: La conexión entre Tauro y Cáncer se basa en la sensibilidad emocional y la seguridad. Tauro aporta estabilidad y seguridad a la relación, mientras que Cáncer ofrece comprensión y apoyo emocional. Sin embargo, pueden surgir problemas debido a la tendencia de Cáncer a ser emocionalmente volátil, lo que podría chocar con la calma y la estabilidad de Tauro.

Tauro con Escorpio: Esta combinación puede ser intensamente emocional y apasionada. Tauro admira la determinación y la profundidad emocional de Escorpio, mientras que Escorpio valora la lealtad y la estabilidad de Tauro. Sin embargo, ambos signos pueden ser tercos y obstinados, lo que podría llevar a conflictos si no se maneja adecuadamente. La comunicación abierta y el compromiso son clave para hacer que esta relación funcione.

Tauro con Piscis: La relación entre Tauro y Piscis es tranquila y pacífica. Ambos son signos sensibles que valoran la armonía y la estabilidad emocional. Tauro ofrece seguridad y solidez a Piscis, mientras que Piscis aporta creatividad y compasión a la relación. Sin embargo, pueden surgir desafíos debido a la tendencia de Piscis a ser evasivo y Tauro a ser posesivo. La confianza mutua y la paciencia son fundamentales para superar estos obstáculos.

Tauro con signos de aire (Géminis, Libra y Acuario)

Tauro con Géminis: La compatibilidad entre Tauro y Géminis puede ser desafiante debido a las diferencias en sus personalidades y enfoques de la vida. Tauro valora la estabilidad y la seguridad, mientras que Géminis busca variedad y estimulación mental. Sin embargo, si ambos están dispuestos a comprometerse y aprender el uno del otro, pueden complementarse mutuamente de manera única.

Tauro con Libra: Esta combinación puede ser equilibrada y armoniosa. Tauro aporta estabilidad y seguridad a la relación, mientras que Libra ofrece elegancia y encanto. Ambos signos valoran la belleza y la armonía en todas las áreas de la vida, lo que les permite disfrutar de una conexión profunda y satisfactoria. Sin embargo, pueden surgir conflictos debido a la tendencia de Libra a ser indeciso y Tauro a ser terco.

Tauro con Acuario: La relación entre Tauro y Acuario puede ser emocionante y estimulante. Tauro valora la estabilidad y la seguridad, mientras que Acuario busca la libertad y la innovación. Si ambos pueden aprender a respetar y apreciar las diferencias del otro, pueden disfrutar de una relación única y emocionante. Sin embargo, pueden surgir conflictos debido a la tendencia de Acuario a ser impredecible y Tauro a ser posesivo.

• • • •

Tauro con signos de fuego (Aries, Leo y Sagitario)

Tauro con Aries: Esta combinación puede ser apasionada pero desafiante. Tauro valora la estabilidad y la seguridad, mientras que Aries busca la emoción y la aventura. Pueden surgir conflictos debido a la impaciencia y la impulsividad de Aries, lo que podría chocar con la calma y la paciencia de Tauro. La comunicación abierta y la comprensión mutua son esenciales para hacer que esta relación funcione.

Tauro con Leo: La relación entre Tauro y Leo puede ser poderosa y emocionante. Ambos son signos apasionados que valoran el romance y la lealtad. Tauro ofrece estabilidad y seguridad a Leo, mientras que Leo aporta entusiasmo y energía a la relación. Sin embargo, pueden surgir conflictos debido a la terquedad compartida y el deseo de control. La comunicación honesta y el compromiso son clave para mantener esta relación fuerte y saludable.

Tauro con Sagitario: Esta combinación puede ser interesante pero desafiante. Tauro valora la estabilidad y la seguridad, mientras que Sagitario busca la libertad y la aventura. Pueden surgir conflictos debido a las diferencias en sus enfoques de la vida, pero si ambos están dispuestos a comprometerse y aprender el uno del otro, pueden disfrutar de una relación emocionante y satisfactoria. La comunicación abierta y la paciencia son fundamentales para superar cualquier obstáculo que pueda surgir.

Cómo crear armonía en relaciones con Tauro

Crear armonía en las relaciones con Tauro requiere comprensión, paciencia y compromiso. Aquí hay algunas formas de cultivar una relación armoniosa con este signo del zodíaco:

1. **Valorar la estabilidad y la seguridad:** Tauro valora la estabilidad y la seguridad en todas las áreas de su vida, incluidas las relaciones. Es importante demostrarle que puedes ser una fuente confiable de apoyo emocional y estabilidad en su vida.

2. **Ser honesto y directo:** Tauro aprecia la honestidad y la franqueza en las relaciones. Comunicarte abierta y directamente con ellos les permite sentirse seguros y confiados en la relación.

3. **Mostrar aprecio y gratitud:** Reconocer y valorar los esfuerzos de Tauro en la relación es fundamental para crear un ambiente armonioso. Expresar gratitud por las cosas que hacen por ti fortalecerá el vínculo entre ustedes.

4. **Ser paciente y comprensivo:** Tauro puede ser terco y tomarse su tiempo para tomar decisiones importantes. Practicar la paciencia y la comprensión cuando Tauro

necesita tiempo para procesar las cosas es esencial para mantener la armonía en la relación.

5. **Respetar su espacio y tiempo:** Tauro valora su espacio personal y su tiempo a solas. Es importante respetar su necesidad de privacidad y permitirles tiempo para recargar energías.

6. **Ofrecer seguridad emocional:** Tauro puede ser cauteloso al abrir su corazón, pero una vez que lo hacen, son leales y comprometidos. Brindarles seguridad emocional y mostrarles que pueden confiar en ti fortalecerá el vínculo emocional entre ustedes.

7. **Evitar el drama y las confrontaciones excesivas:** Tauro prefiere evitar el drama y las confrontaciones innecesarias. Trata de mantener un ambiente tranquilo y pacífico en la relación, y evita las discusiones excesivamente emocionales.

8. **Compartir intereses comunes y disfrutar de la vida juntos:** Buscar actividades que disfruten juntos fortalecerá su conexión. Tauro aprecia los placeres simples de la vida, como una buena comida, la naturaleza o el tiempo tranquilo en casa.

9. **Mostrar consistencia y compromiso:** Tauro valora la consistencia y la fiabilidad en las relaciones. Es importante demostrarle que estás comprometido y dispuesto a trabajar en la relación a largo plazo.

10. **Celebrar sus logros y éxitos juntos:** Reconocer y celebrar los logros y éxitos de Tauro les dará un impulso de confianza y fortalecerá su conexión emocional.

2.3 Consejos para convivir con Tauro:

Convivir con Tauro puede ser una experiencia gratificante si comprendes su naturaleza y valores. Aquí tienes algunos consejos para hacerlo de manera armoniosa:

- Respeta su necesidad de estabilidad y seguridad en todas las áreas de su vida, incluyendo el hogar y las relaciones.
- Sé paciente y comprensivo cuando Tauro se tome su tiempo para tomar decisiones importantes o procesar emociones.
- Demuestra lealtad y compromiso en la relación, mostrándole que puedes ser una presencia constante y confiable en su vida.
- Ofrece apoyo emocional y estabilidad, estando ahí para ellos cuando necesiten consuelo o aliento.
- Respeta su tiempo y espacio personal, permitiéndoles disfrutar de momentos a solas y recargar energías.
- Evita el conflicto innecesario y mantiene un ambiente tranquilo y pacífico en el hogar.
- Busca actividades que ambos disfruten y fortalezcan su vínculo, compartiendo intereses comunes y disfrutando del tiempo juntos.
- Reconoce y valora los esfuerzos de Tauro en la convivencia diaria, mostrando gratitud y aprecio por su presencia en tu vida.
- Sé honesto y transparente en tus comunicaciones, evitando ocultar información o mentirles.
- Celebra sus logros y éxitos juntos, apoyándolos en sus metas y aspiraciones.

Seguir estos consejos te ayudará a convivir armoniosamente con Tauro y a construir una relación sólida y satisfactoria.

Entender la importancia del confort y la seguridad para Tauro

Tauro, representado por el toro, es conocido por su naturaleza tranquila, paciente y determinada. Uno de los aspectos más importantes para Tauro en todas las áreas de su vida, incluyendo las relaciones interpersonales, es el confort y la seguridad. Estos valores son fundamentales para Tauro, ya que le proporcionan estabilidad emocional y tranquilidad en su vida diaria.

Para Tauro, el confort y la seguridad van más allá de las comodidades materiales. Si bien aprecia las comodidades físicas, como un hogar acogedor y un entorno agradable, también busca seguridad emocional y estabilidad en sus relaciones. Tauro valora la consistencia y la fiabilidad en las personas que lo rodean, buscando relaciones que le brinden un sentido de arraigo y pertenencia.

La necesidad de confort y seguridad de Tauro se deriva en parte de su regente, Venus, el planeta del amor y la belleza. Esto le confiere a Tauro una profunda apreciación por todo lo que es hermoso y placentero en la vida. Busca rodearse de cosas y personas que le brinden alegría y satisfacción, buscando crear un entorno armonioso y placentero en su vida.

Para comprender mejor la importancia del confort y la seguridad para Tauro, es útil considerar su elemento, la tierra. Al igual que la tierra misma, Tauro busca establecer una base sólida y firme en la que pueda construir su vida. Necesita sentirse arraigado y estable en su entorno para poder crecer y prosperar. Cuando se siente seguro y protegido, Tauro puede abrirse y expresar su amor y afecto de manera más libre y completa.

Manejar la terquedad de Tauro de manera efectiva

Uno de los rasgos más conocidos de Tauro es su terquedad. Una vez que Tauro ha tomado una decisión o adoptado una posición, puede ser difícil hacerlo cambiar de opinión. Esta terquedad puede ser tanto una fortaleza como una debilidad, dependiendo de cómo se maneje.

Para manejar la terquedad de Tauro de manera efectiva, es importante practicar la paciencia y la comprensión. Tauro puede ser testarudo cuando se siente desafiado o amenazado, pero también es leal y comprometido cuando se trata de las personas y cosas que valora. En lugar de intentar cambiar la mente de Tauro a la fuerza, es útil escuchar sus razones y tratar de encontrar un terreno común.

Otra estrategia efectiva para manejar la terquedad de Tauro es ofrecer opciones y alternativas. En lugar de decirle qué hacer, bríndale diferentes opciones para que pueda sentir que tiene cierto control sobre la situación. Esto puede ayudar a suavizar su terquedad y abrir la puerta a una resolución más flexible y colaborativa.

Además, es importante elegir tus batallas con Tauro. No todas las discusiones merecen el mismo nivel de atención, y tratar de convencer a Tauro de cada pequeño detalle puede resultar agotador y contraproducente. En lugar de eso, enfócate en lo que realmente importa y trata de encontrar un compromiso que sea aceptable para ambos.

Formas de mostrar aprecio y afecto hacia Tauro

Mostrar aprecio y afecto hacia Tauro es fundamental para cultivar una relación sólida y satisfactoria con este signo del zodíaco. Aunque Tauro puede parecer reservado al principio, es un compañero leal y afectuoso una vez que se siente seguro y valorado. Aquí hay algunas formas efectivas de mostrarle tu aprecio:

1. **Expresa gratitud**: Reconoce y valora los esfuerzos de Tauro en la relación. Expresa tu gratitud por las cosas que hace por ti y por su presencia en tu vida.

2. **Ofrece gestos de cariño**: Tauro aprecia los gestos simples pero significativos de cariño, como abrazos, besos y palabras amables. Demuéstrale tu afecto de manera regular para fortalecer el vínculo entre ustedes.

3. **Muestra tu apoyo**: Apoya a Tauro en sus metas y aspiraciones. Demuéstrale que estás ahí para él, ya sea escuchándolo, animándolo o ayudándolo a alcanzar sus objetivos.

4. **Comparte tiempo de calidad juntos**: Dedica tiempo a estar juntos y disfrutar de actividades que ambos disfruten. Tauro valora la compañía de sus seres queridos y disfruta de momentos tranquilos y relajados en su compañía.

5. **Reconoce sus logros**: Celebra los logros y éxitos de Tauro. Reconoce sus esfuerzos y logros, y celebra juntos cuando alcance sus objetivos.

6. **Sé honesto y transparente**: Tauro valora la honestidad y la franqueza en las relaciones. Sé abierto y sincero en tus comunicaciones, y evita ocultar información o mentirle.

7. **Respeta su espacio y tiempo personal**: Reconoce la

necesidad de Tauro de tener tiempo a solas y su espacio personal. Respeta su privacidad y no lo presiones para que esté constantemente en compañía si prefiere estar solo.

Capítulo 3: Géminis - El Versátil

El tercer capítulo de nuestra exploración astrológica nos sumerge en el vibrante mundo de Géminis, un signo del zodíaco que personifica la versatilidad y la adaptabilidad. Géminis, representado por los gemelos en la mitología, es gobernado por el planeta Mercurio y se asocia con la comunicación, la curiosidad y la dualidad.

Géminis es conocido por su naturaleza multifacética y su habilidad para adaptarse a diferentes situaciones con facilidad. Este signo del aire está constantemente en busca de nuevas experiencias y conocimientos, y su mente inquisitiva le impulsa a explorar una amplia gama de intereses y actividades. La versatilidad de Géminis se manifiesta en su capacidad para cambiar de dirección rápidamente y adaptarse a cualquier entorno en el que se encuentre.

Una de las características más destacadas de Géminis es su ingenio y su habilidad para comunicarse de manera efectiva. Los gemelos tienen una mente aguda y rápida, y son excelentes comunicadores que pueden expresar sus ideas de manera clara y persuasiva. Su encanto natural y su carisma les permiten conectarse fácilmente con los demás y adaptarse a una variedad de situaciones sociales.

3.1 Personalidad de Géminis:

La personalidad de Géminis es tan diversa y cambiante como el viento que sopla en todas direcciones. Este signo del zodíaco, representado por los gemelos, encarna la dualidad y la versatilidad en su forma más pura. Géminis es gobernado por el planeta Mercurio, lo que le confiere una mente ágil y una curiosidad insaciable.

Los gemelos son conocidos por su ingenio y su capacidad para comunicarse de manera efectiva. Su mente rápida les permite absorber información con facilidad y procesarla de manera rápida y eficiente. Son conversadores hábiles y tienen una habilidad innata para adaptarse a diferentes situaciones sociales con gracia y encanto.

La personalidad de Géminis está marcada por una sed constante de conocimiento y nuevas experiencias. Son exploradores incansables que buscan constantemente aprender y crecer. Su curiosidad insaciable los impulsa a probar cosas nuevas y aventurarse en territorios desconocidos.

Sin embargo, la dualidad de Géminis también se manifiesta en su naturaleza inconstante y cambiante. Los gemelos pueden ser volátiles y difíciles de predecir, ya que pueden cambiar de opinión rápidamente y adaptarse a nuevas circunstancias con facilidad. Esta cualidad puede hacer que Géminis parezca superficial o inconsistente a veces, pero en realidad es solo un reflejo de su necesidad de variedad y estimulación constante.

La dualidad de Géminis: rasgos y comportamientos

Géminis, el tercer signo del zodíaco, es una amalgama intrigante de dualidad, curiosidad insaciable y comunicación eficaz. Representado por los gemelos, este signo del elemento aire, regido por el planeta Mercurio, encarna una complejidad fascinante en su personalidad y comportamiento.

La dualidad de Géminis es una característica central que define su naturaleza. Los gemelos están constantemente lidiando con dos lados opuestos de su personalidad, lo que puede manifestarse de diversas formas en su comportamiento. Por un lado, son versátiles y adaptables, capaces de cambiar de opinión rápidamente y adaptarse a nuevas circunstancias con facilidad. Por otro lado, esta misma versatilidad puede llevarlos a ser superficiales o inconstantes en sus decisiones y compromisos.

En la dualidad de Géminis, también se encuentra una lucha entre la razón y la emoción. Siendo un signo del elemento aire, los gemelos tienden a ser racionales y analíticos en su enfoque de la vida. Prefieren utilizar la lógica y el pensamiento crítico para tomar decisiones, en lugar de dejarse llevar por las emociones. Sin embargo, también son seres emocionales que pueden experimentar cambios de humor repentinos y estar influenciados por sus sentimientos en ciertas situaciones.

La curiosidad insaciable de Géminis

Los gemelos tienen una sed constante de conocimiento y nuevas experiencias, y están siempre buscando aprender y explorar el mundo que los rodea. Esta curiosidad innata los impulsa a absorber información de diversas fuentes y a estar siempre abiertos a nuevas ideas y perspectivas. Son exploradores incansables que disfrutan de la variedad y la estimulación mental constante.

La curiosidad de Géminis se manifiesta en su deseo de comunicarse y conectarse con los demás. La comunicación es una parte integral de la vida de los gemelos, y son conocidos por ser conversadores hábiles y encantadores. Su mente rápida y su capacidad para adaptarse a diferentes situaciones sociales les permite conectarse con una amplia variedad de personas y expresar sus ideas de manera clara y persuasiva.

Cómo se expresa la comunicación en Géminis

La comunicación en Géminis se caracteriza por su agilidad y versatilidad. Son capaces de cambiar de tema rápidamente y mantener conversaciones estimulantes sobre una variedad de temas. Su ingenio y sentido del humor los hacen compañeros de conversación fascinantes, capaces de captar la atención de quienes los rodean con facilidad.

Además de su habilidad para hablar, Géminis también es un oyente atento y comprensivo. Valorando la comunicación bidireccional, los gemelos están interesados en escuchar las ideas y opiniones de los demás y disfrutan participando en debates animados y discusiones intelectuales.

3.2 Compatibilidad de Géminis:

La compatibilidad de Géminis con los 12 signos del zodíaco varía según las características únicas de cada signo y la dinámica de la relación. Como un signo del elemento aire, Géminis tiende a ser sociable, comunicativo y adaptable, lo que influye en sus interacciones con los demás signos.

Comencemos analizando la compatibilidad de Géminis con otros signos de aire, como Libra y Acuario. Estos signos comparten una afinidad natural debido a su enfoque en la comunicación y la intelectualidad. Géminis disfruta de las conversaciones estimulantes y la variedad de intereses de Libra y Acuario, lo que crea una conexión intelectual fuerte y duradera.

En cuanto a la compatibilidad con signos de fuego, como Aries, Leo y Sagitario, Géminis puede disfrutar de la energía y la pasión que estos signos aportan a la relación. Aunque pueden surgir conflictos debido a la naturaleza impulsiva de los signos de fuego y la tendencia de Géminis a ser más flexible, la diversidad de experiencias y la aventura que ofrecen estos signos pueden mantener la relación emocionante y estimulante.

Con respecto a la compatibilidad con signos de tierra, como Tauro, Virgo y Capricornio, Géminis puede encontrar una base sólida y estable en estas relaciones. Si bien pueden surgir diferencias debido a la naturaleza práctica y terrenal de los signos de tierra y la tendencia de Géminis a ser más mental y versátil, la complementariedad de ambos puede crear una relación equilibrada y armoniosa.

En cuanto a la compatibilidad con signos de agua, como Cáncer, Escorpio y Piscis, Géminis puede encontrar una conexión emocional profunda y significativa. Si bien pueden surgir desafíos debido a las diferencias en la forma en que procesan las emociones, la curiosidad y la mente abierta de Géminis pueden ayudar a crear un entendimiento mutuo y una conexión emocional sólida.

Géminis con otros signos de aire (Libra y Acuario)

La compatibilidad de Géminis con otros signos de aire, como Libra y Acuario, tiende a ser bastante armoniosa debido a su afinidad intelectual y su enfoque compartido en la comunicación y la sociabilidad.

Géminis y Libra: forman una combinación intrigante y dinámica. Ambos son signos sociales que disfrutan de la interacción con los demás y pueden establecer una conexión instantánea a través de su habilidad para comunicarse de manera efectiva. Libra, siendo un signo regido por Venus, aporta una dimensión de armonía y equilibrio a la relación, lo que complementa la versatilidad y la curiosidad de Géminis. Juntos, pueden disfrutar de conversaciones profundas y estimulantes, así como de una vida social vibrante y activa.

Géminis y Acuario: es también destacable. Ambos signos comparten una mentalidad progresista y una visión innovadora del mundo. Su conexión intelectual es fuerte, ya que ambos disfrutan explorando nuevas ideas y perspectivas. Acuario, siendo un signo orientado hacia el futuro, puede inspirar a Géminis a ampliar sus horizontes y a buscar nuevas aventuras. Juntos, pueden formar una pareja emocionante y poco convencional, dispuesta a desafiar las normas establecidas y explorar nuevas posibilidades.

Géminis con signos de fuego (Aries, Leo y Sagitario)

Géminis y Aries: Esta combinación puede ser emocionante y estimulante, ya que ambos signos disfrutan de la aventura y la novedad. Sin embargo, las diferencias en el enfoque pueden generar conflictos, ya que Aries tiende a ser más impulsivo y directo, mientras que Géminis es más versátil y adaptable.

Géminis y Leo: Esta pareja puede tener una conexión dinámica y animada, ya que ambos son extrovertidos y disfrutan de la diversión y la aventura. Sin embargo, las luchas por el liderazgo y la atención pueden surgir, ya que ambos signos tienen una fuerte personalidad.

Géminis y Sagitario: Esta combinación puede ser emocionante y llena de aventuras, ya que ambos signos comparten un amor por la libertad y la exploración. Sin embargo, las diferencias en el enfoque pueden causar fricciones, ya que Sagitario tiende a ser más impulsivo y filosófico, mientras que Géminis es más curioso y adaptable.

Géminis con signos de tierra (Tauro, Virgo y Capricornio):

Géminis y Tauro: Esta combinación puede ser desafiante pero gratificante, ya que ambos signos tienen cualidades complementarias. Tauro aporta estabilidad y seguridad a la relación, mientras que Géminis añade variedad y estimulación. Sin embargo, las diferencias en el enfoque pueden generar conflictos, ya que Tauro es más terrenal y Géminis es más mental.

Géminis y Virgo: Esta pareja puede tener una conexión intelectual profunda, ya que ambos signos son analíticos y orientados hacia los detalles. Sin embargo, las diferencias en el enfoque pueden causar tensiones, ya que Virgo tiende a ser más crítico y estructurado, mientras que Géminis es más versátil y adaptable.

Géminis y Capricornio: Esta combinación puede ser desafiante pero constructiva, ya que ambos signos tienen objetivos y ambiciones similares. Capricornio aporta estabilidad y determinación a la relación, mientras que Géminis añade creatividad y flexibilidad. Sin embargo, las diferencias en el enfoque pueden generar conflictos, ya que Capricornio es más tradicional y Géminis es más innovador.

Géminis con signos de agua (Cáncer, Escorpio y Piscis)

Géminis y Cáncer: Esta combinación puede ser compleja pero emocionalmente satisfactoria, ya que ambos signos tienen mucho que aprender el uno del otro. Cáncer aporta sensibilidad y compasión a la relación, mientras que Géminis añade ligereza y diversión. Sin embargo, las diferencias en el enfoque pueden generar conflictos, ya que Cáncer es más emocional y Géminis es más racional.

Géminis y Escorpio: Esta pareja puede tener una conexión intensa y apasionada, ya que ambos signos son profundos y complejos. Sin embargo, las diferencias en el enfoque pueden causar tensiones, ya que Escorpio tiende a ser más intenso y posesivo, mientras que Géminis es más independiente y adaptable.

Géminis y Piscis: Esta combinación puede ser creativa y misteriosa, ya que ambos signos tienen una imaginación vívida y una sensibilidad artística. Sin embargo, las diferencias en el enfoque pueden generar tensiones, ya que Piscis tiende a ser más emocional y soñador, mientras que Géminis es más lógico y práctico.

Estrategias para mantener el interés de Géminis en una relación

Mantener el interés de Géminis en una relación puede requerir un enfoque creativo y estimulante debido a su naturaleza curiosa y versátil. Aquí hay algunas estrategias que pueden ayudar a mantener viva la chispa en una relación con Géminis:

1. **Estimula su mente:** Géminis ama la estimulación mental y disfruta de conversaciones interesantes y debates animados. Mantén su interés organizando actividades que despierten su curiosidad intelectual, como visitar museos, asistir a conferencias o explorar nuevos temas juntos. Mantener la mente de Géminis activa y comprometida es clave para mantener su interés en la relación.

2. **Variedad y aventura:** Géminis disfruta de la variedad y la novedad en su vida, por lo que es importante mantener la relación emocionante y aventurera. Organiza citas creativas y emocionantes, como viajes espontáneos, cenas en restaurantes nuevos o actividades al aire libre. La variedad y la aventura mantendrán a Géminis emocionado y comprometido con la relación.

3. **Flexibilidad y adaptabilidad:** Géminis valora la libertad y la independencia en una relación, por lo que es importante ser flexible y adaptable a sus necesidades cambiantes. Permítele espacio para explorar sus intereses y pasiones individuales, y sé receptivo a sus cambios de humor y preferencias. La capacidad de adaptarse a las fluctuaciones de Géminis fortalecerá la conexión en la relación.

4. **Mantén la comunicación abierta:** La comunicación es

fundamental para mantener el interés de Géminis en una relación. Asegúrate de mantener líneas de comunicación abiertas y honestas, y fomenta la expresión de ideas y sentimientos. Géminis disfruta de la conexión mental y emocional en una relación, por lo que la comunicación clara y transparente es esencial para mantener su interés.

5. **Innovación y sorpresa:** Sorprende a Géminis con gestos inesperados y creativos que lo mantengan emocionado y comprometido. Organiza noches temáticas, regalos sorpresa o actividades fuera de lo común que lo saquen de su rutina y lo hagan sentir especial. La innovación y la sorpresa mantendrán a Géminis intrigado y entusiasmado con la relación.

6. **Mantén la ligereza y el humor:** Géminis disfruta de la ligereza y el humor en una relación, así que asegúrate de mantener un ambiente divertido y relajado. Ríete juntos, comparte chistes y no tengas miedo de ser un poco travieso de vez en cuando. La capacidad de reír juntos fortalecerá el vínculo entre tú y Géminis y mantendrá el romance fresco y emocionante.

3.3 Consejos para convivir con Géminis:

Fomentar la estimulación mental, manejar la necesidad de variedad y cambio, y comunicarse efectivamente son aspectos clave para mantener una relación armoniosa y satisfactoria con Géminis. Veamos cómo abordar cada una de estas temáticas:

Cómo fomentar la estimulación mental para Géminis

Géminis, como signo del zodíaco regido por el elemento aire, tiene una mente ágil y curiosa que anhela estimulación intelectual constante. Para mantener su interés y compromiso en una relación, es esencial proporcionarle un entorno mentalmente estimulante. Aquí hay algunas formas de hacerlo:

1. **Conversaciones fascinantes:** Géminis disfruta de conversaciones estimulantes sobre una amplia gama de temas. Fomenta discusiones profundas y significativas, comparte tus ideas y opiniones, y mantén abierta la comunicación sobre temas que despierten su interés.

2. **Actividades intelectuales:** Organiza actividades que desafíen su mente y lo mantengan comprometido, como juegos de palabras, rompecabezas, debates o lecturas conjuntas. La participación en actividades intelectuales fortalecerá vuestro vínculo y proporcionará una fuente constante de diversión y aprendizaje.

3. **Exploración de intereses comunes:** Descubre intereses comunes y pasiones compartidas que puedan explorar juntos, ya sea arte, música, ciencia o filosofía. La exploración de intereses comunes fortalecerá vuestra conexión y proporcionará oportunidades para aprender y crecer juntos.

4. **Estímulo visual y auditivo:** Géminis se siente atraído por la estimulación visual y auditiva, por lo que exposiciones de arte, conciertos, conferencias o podcasts pueden ser excelentes opciones para mantenerlo comprometido y emocionado.

Manejar la necesidad de variedad y cambio de Géminis

La necesidad de variedad y cambio es una característica central de la personalidad de Géminis. Si bien esta cualidad puede añadir emoción y aventura a la relación, también puede presentar desafíos. Aquí hay algunas estrategias para manejar la necesidad de variedad y cambio de Géminis:

1. **Flexibilidad y adaptabilidad:** Sé flexible y abierto a nuevas experiencias y cambios en la rutina. Respeta su necesidad de variedad y cambia las cosas de vez en cuando para mantenerlo interesado y comprometido.
2. **Exploración constante:** Fomenta la exploración y la aventura al probar cosas nuevas juntos, ya sea viajando a nuevos lugares, probando nuevos hobbies o experimentando con diferentes actividades.
3. **Comunicación abierta:** Mantén abiertas las líneas de comunicación y habla sobre sus deseos y necesidades en cuanto a variedad y cambio. Comprender sus motivaciones y preocupaciones puede ayudar a encontrar un equilibrio en la relación.
4. **Creatividad en la relación:** Sé creativo en la forma en que gestionas la relación, buscando formas innovadoras de mantener la chispa viva y la emoción presente. Sorprende a Géminis con gestos inesperados y emocionantes que lo mantengan comprometido y emocionado.

Formas de comunicarse efectivamente con Géminis

La comunicación efectiva es fundamental para construir una relación sólida y satisfactoria con Géminis. Dada su naturaleza comunicativa y sociable, es importante mantener abiertas las líneas de comunicación y establecer una conexión sólida. Aquí hay algunas formas de comunicarse efectivamente con Géminis:

1. **Sé claro y directo:** Géminis aprecia la claridad y la franqueza en la comunicación. Sé directo y transparente al expresar tus pensamientos, sentimientos y necesidades.

2. **Escucha activa:** Practica la escucha activa y demuestra interés genuino en lo que Géminis tiene que decir. Valora sus opiniones y puntos de vista, y fomenta una comunicación bidireccional.

3. **Variedad en la comunicación:** Mantén la comunicación emocionante y variada mediante el uso de diferentes medios, como mensajes de texto, llamadas telefónicas, videollamadas o cartas escritas a mano. La variedad en la comunicación mantendrá a Géminis comprometido y emocionado.

4. **Comparte tus ideas y experiencias:** Géminis disfruta de la conexión mental y emocional en una relación, por lo que es importante compartir tus ideas, experiencias y pasiones. Fomenta una comunicación abierta y honesta y crea un ambiente en el que ambos se sientan cómodos expresándose libremente.

Capítulo 4: Cáncer - El Protector

En el vasto cosmos de la astrología, el Capítulo 4 nos lleva a explorar las profundidades emocionales de Cáncer, conocido como "El Protector" del zodíaco. Este signo, representado por el cangrejo, irradia una sensibilidad y compasión únicas, impregnando cada interacción y relación con un cuidado genuino y una devoción inquebrantable hacia quienes ama. Adentrémonos en las aguas emotivas de Cáncer y descubramos las cualidades que lo hacen tan especial.

Cáncer, regido por la Luna, está íntimamente conectado con el reino de las emociones y la intuición. Esta influencia lunar dota a los cancerianos con una profunda sensibilidad y una capacidad para sintonizar con los sentimientos tanto propios como ajenos. Como la Luna, que pasa por diferentes fases, Cáncer experimenta un flujo y reflujo emocional, llevando consigo la marea de sus propias emociones y las de quienes lo rodean.

El atributo más destacado de Cáncer es su instinto protector hacia sus seres queridos. Al igual que el cangrejo que lleva su caparazón, Cáncer envuelve a sus seres queridos en un abrazo protector, proporcionando seguridad y consuelo en momentos de necesidad. Son como un faro en la tormenta, ofreciendo apoyo incondicional y una presencia reconfortante cuando las aguas se agitan.

La familia y el hogar son el refugio sagrado de Cáncer. Son los pilares de la familia, dedicados a crear un ambiente cálido y acogedor donde florezcan el amor y la armonía. Los cancerianos son nostálgicos por naturaleza, y a menudo se aferran a los recuerdos del pasado y las tradiciones familiares con cariño. Para ellos, la familia es el pilar central de su vida, y harán todo lo posible para proteger y preservar esos lazos.

La sensibilidad de Cáncer a menudo se manifiesta en una profunda conexión con el arte y la creatividad. Son los poetas del zodíaco, expresando sus emociones a través del arte, la música o la escritura. La creatividad es su válvula de escape, permitiéndoles procesar y canalizar sus emociones de manera constructiva y terapéutica.

En las relaciones, Cáncer busca una conexión emocional profunda y significativa. Valoran la honestidad y la lealtad por encima de todo, y se sienten más seguros en relaciones estables y comprometidas. Aunque pueden ser reservados al principio, una vez que confían en alguien, se entregan por completo, convirtiéndose en un compañero fiel y protector.

Sin embargo, la sensibilidad de Cáncer también puede ser su mayor desafío. Su naturaleza emocionalmente receptiva los hace vulnerables a las heridas emocionales, y pueden retirarse a su caparazón cuando se sienten amenazados o heridos. Es importante para ellos encontrar un equilibrio entre protegerse y permitir que otros entren en su mundo interior.

4.1 Personalidad de Cáncer:

La personalidad de Cáncer está impregnada de una profunda sensibilidad y compasión. Como el Protector del zodíaco, los cancerianos son conocidos por su instinto natural para cuidar y proteger a quienes aman. Son seres emocionales y empáticos, cuyos corazones están sintonizados con las necesidades y los sentimientos de los demás. La lealtad y la devoción son rasgos distintivos de su personalidad, y están siempre dispuestos a ofrecer su apoyo incondicional a sus seres queridos. Sin embargo, su sensibilidad puede hacerlos vulnerables a las heridas emocionales, y a menudo se refugian en su caparazón cuando se sienten amenazados. En resumen, la personalidad de Cáncer se caracteriza por su naturaleza protectora, su profunda conexión emocional y su deseo innato de cuidar y amar.

La sensibilidad emocional de Cáncer

La sensibilidad emocional de Cáncer es una faceta central de su ser. Regido por la Luna, este signo experimenta una montaña rusa de emociones que fluyen y refluyen como las mareas. Son receptivos a los sentimientos tanto propios como ajenos, y a menudo actúan como esponjas emocionales, absorbiendo las energías que los rodean. Esta sensibilidad los hace excepcionalmente empáticos y comprensivos, capaces de sintonizar con los estados emocionales de quienes los rodean con una precisión sorprendente.

La intensidad emocional de Cáncer puede ser tanto su mayor fortaleza como su mayor desafío. Por un lado, les permite conectarse profundamente con los demás y ofrecer un apoyo incondicional en tiempos de necesidad. Por otro lado, pueden ser vulnerables a las heridas emocionales y propensos a retirarse a su caparazón protector cuando se sienten amenazados o heridos. Aprender a equilibrar su sensibilidad emocional con el autocuidado es fundamental para el bienestar de Cáncer y su capacidad para mantener relaciones saludables y satisfactorias.

• • • •

La importancia del hogar y la familia para Cáncer

Para Cáncer, el hogar y la familia son el centro de su universo emocional. Son los pilares de la estabilidad y el amor incondicional en la vida de un canceriano, proporcionando un refugio seguro en medio de las tormentas de la vida. Cáncer valora la tradición y la nostalgia, y tiende a tener un fuerte apego emocional a su pasado y sus raíces familiares.

Crear un hogar acogedor y armonioso es una prioridad para Cáncer. Son maestros en el arte de cultivar un ambiente cálido y reconfortante, donde el amor y la conexión florezcan. Desde cenas familiares hasta noches de películas acogedoras, cada momento compartido con sus seres queridos se convierte en un tesoro precioso para Cáncer.

La familia no se limita solo a los lazos de sangre para Cáncer; también valoran profundamente las amistades cercanas y las relaciones de apego emocional. Cualquier persona que forme parte del círculo íntimo de un canceriano es recibida con los brazos abiertos y se convierte en parte de su familia elegida.

Cómo expresa Cáncer su amor y afecto

Cáncer expresa su amor y afecto de manera profunda y significativa, a través de gestos pequeños pero significativos que demuestran su cuidado y devoción. Son maestros en el arte de la atención al detalle, recordando los cumpleaños, las fechas importantes y los pequeños detalles que hacen que sus seres queridos se sientan especiales.

La cocina es una forma común en la que Cáncer expresa su amor. Preparar una comida casera con amor y dedicación es una de las formas más genuinas en que un canceriano muestra afecto hacia quienes ama. Desde platos reconfortantes hasta postres caseros, cada bocado está impregnado del amor y el cuidado de Cáncer.

Además de sus actos de servicio, Cáncer también es muy afectuoso y cariñoso. Los abrazos cálidos, los besos tiernos y las palabras de aliento son parte de su repertorio habitual cuando se trata de demostrar amor. Para Cáncer, el contacto físico y las muestras de cariño son una forma poderosa de transmitir sus sentimientos más profundos.

4.2 Compatibilidad de Cáncer:

La compatibilidad de Cáncer con los 12 signos del zodíaco refleja su naturaleza emocionalmente receptiva y su deseo de seguridad emocional en las relaciones. Su conexión intuitiva con las emociones y su instinto protector influyen en la dinámica de cada relación. Cáncer tiende a llevarse bien con signos que valoran la estabilidad emocional y el compromiso, como Tauro y Virgo. Sin embargo, pueden surgir desafíos con signos más independientes y aventureros, como Sagitario y Acuario. En general, la compatibilidad de Cáncer con cada signo depende de la disposición de ambas partes para comunicarse abierta y honestamente, comprometerse y comprender las necesidades emocionales del otro. Con esfuerzo y comprensión mutua, Cáncer puede encontrar armonía y satisfacción en una amplia variedad de relaciones.

Cáncer con otros signos de agua (Escorpio y Piscis)

Cáncer y Escorpio: Esta combinación es altamente compatible debido a su profunda conexión emocional y su capacidad para entenderse mutuamente sin necesidad de palabras. Ambos valoran la lealtad y la seguridad emocional en la relación, lo que crea un vínculo duradero y significativo.

Cáncer y Piscis: Esta combinación es extremadamente emocional y compasiva. Ambos signos se sienten atraídos por la profundidad emocional del otro y comparten una conexión espiritual única. Piscis aporta creatividad y sensibilidad artística, mientras que Cáncer ofrece apoyo emocional y estabilidad.

Cáncer con signos de tierra (Tauro, Virgo y Capricornio)

Cáncer y Tauro: Esta combinación es sólida y estable, ya que ambos valoran la seguridad y la comodidad en la relación. Tauro ofrece estabilidad y seguridad material, mientras que Cáncer brinda apoyo emocional y cuidado.

Cáncer y Virgo: Esta combinación es práctica y comprensiva. Virgo ofrece apoyo práctico y atención meticulosa a los detalles, mientras que Cáncer brinda comprensión emocional y cuidado. Ambos comparten un enfoque realista de la vida y pueden construir una relación sólida y duradera.

Cáncer y Capricornio: Esta combinación puede ser desafiante pero gratificante. Capricornio aporta estabilidad y ambición, mientras que Cáncer ofrece sensibilidad emocional y apoyo. Ambos pueden aprender mucho el uno del otro si están dispuestos a comprometerse y trabajar juntos.

· · · ·

Cáncer con signos de aire (Géminis, Libra y Acuario)

Cáncer y Géminis: Esta combinación puede ser desafiante debido a las diferencias en la forma de abordar las emociones. Géminis tiende a ser más racional y despreocupado, mientras que Cáncer es emocional y sensible. Sin embargo, si ambos están dispuestos a comprometerse y comunicarse abiertamente, pueden encontrar un equilibrio.

Cáncer y Libra: Esta combinación puede ser armoniosa si ambos signos están dispuestos a comprometerse y encontrar un terreno común. Libra puede ayudar a suavizar la sensibilidad de Cáncer, mientras que Cáncer puede proporcionar estabilidad emocional y apoyo.

Cáncer y Acuario: Esta combinación puede ser desafiante debido a las diferencias en cuanto a enfoque y perspectiva de la vida. Acuario valora la independencia y la innovación, mientras que Cáncer busca conexión emocional y estabilidad.

Cáncer con signos de fuego (Aries, Leo y Sagitario)

Cáncer y Aries: Esta combinación puede ser emocionante y estimulante, pero también puede llevar a conflictos debido a las diferencias en cuanto a enfoque y temperamento. Aries es impulsivo y directo, mientras que Cáncer es más sensible y emocional.

Cáncer y Leo: Esta combinación puede ser intensa y apasionada, ya que ambos signos comparten una necesidad de amor y afecto. Sin embargo, pueden surgir conflictos debido a las diferencias en cuanto a atención y reconocimiento.

Cáncer y Sagitario: Esta combinación puede ser desafiante debido a las diferencias en cuanto a enfoque y estilo de vida. Sagitario valora la libertad y la aventura, mientras que Cáncer busca seguridad y estabilidad. Sin embargo, si ambos están dispuestos a comprometerse y trabajar juntos, pueden superar cualquier obstáculo.

4.3 Consejos para convivir con Cáncer:

Convivir con un Cáncer puede ser una experiencia gratificante, pero también requiere comprensión y sensibilidad hacia su naturaleza emocionalmente receptiva. Aquí hay algunos consejos para convivir armoniosamente con un Cáncer.

Cómo crear un ambiente cálido y acogedor para Cáncer

Cáncer es un signo que valora profundamente la comodidad y la seguridad emocional en su entorno. Para crear un ambiente cálido y acogedor para Cáncer, es importante tener en cuenta algunas consideraciones clave.

En primer lugar, la decoración del hogar juega un papel crucial. Los cancerianos aprecian los espacios que evocan una sensación de nostalgia y familiaridad. Opta por tonos suaves y cálidos en la paleta de colores, como azules suaves, verdes pastel o tonos neutros, que ayudarán a crear una atmósfera relajante. Los elementos decorativos que recuerden al mar, como conchas, estrellas de mar o imágenes costeras, pueden resonar especialmente con la sensibilidad de Cáncer.

Además, incorpora textiles suaves y acogedores, como mantas de lana, cojines mullidos y cortinas gruesas que añadan una sensación de calidez y confort. Las velas perfumadas también pueden crear una atmósfera íntima y relajante que satisfaga la necesidad de Cáncer de un ambiente hogareño.

Otro aspecto importante para crear un ambiente acogedor es la disposición del espacio. Cáncer valora los espacios que fomentan la intimidad y la conexión emocional. Crea áreas de descanso cómodas y acogedoras, como rincones de lectura con cómodos sillones o espacios al aire libre con muebles de jardín confortables donde Cáncer pueda relajarse y recargar energías.

Finalmente, es fundamental fomentar un ambiente familiar y acogedor mediante la creación de rituales y tradiciones compartidas. Desde cenas familiares regulares hasta noches de películas acogedoras, establecer rutinas que fomenten la conexión emocional y el sentido de pertenencia puede ayudar a Cáncer a sentirse seguro y amado en su hogar.

Manejar las fluctuaciones emocionales de Cáncer con comprensión

Las fluctuaciones emocionales son una parte natural de la naturaleza de Cáncer, ya que están profundamente conectados con sus emociones y tienen una sensibilidad excepcional. Para manejar estas fluctuaciones emocionales con comprensión, es importante tener en cuenta algunas estrategias clave.

En primer lugar, es fundamental validar y respetar las emociones de Cáncer. A menudo, simplemente tener la oportunidad de expresar cómo se sienten puede ser increíblemente terapéutico para ellos. Escucha activamente y muestra empatía hacia sus sentimientos, incluso si pueden parecer irracionales o exagerados.

Además, es importante recordar que las fluctuaciones emocionales de Cáncer no son personales. A menudo, sus cambios de humor están influenciados por factores externos, como el estrés, la fatiga o las preocupaciones familiares. Trata de no tomarlo como un ataque personal y en su lugar ofrécele tu apoyo y comprensión.

Otra estrategia útil es ayudar a Cáncer a desarrollar habilidades de afrontamiento saludables para lidiar con sus emociones. Fomenta actividades que les ayuden a relajarse y liberar el estrés, como practicar yoga, meditar o escribir en un diario. También puedes sugerirles que hablen con un terapeuta o consejero para obtener apoyo adicional si lo necesitan.

Finalmente, es importante ser paciente y comprensivo con Cáncer durante sus momentos de vulnerabilidad emocional. Recuerda que están haciendo lo mejor que pueden para gestionar sus sentimientos, y tu apoyo incondicional puede marcar una gran diferencia en su bienestar emocional.

Formas de mostrar apoyo y lealtad a Cáncer

Para mostrar apoyo y lealtad a Cáncer, es importante tener en cuenta sus necesidades emocionales y hacer un esfuerzo consciente para satisfacerlas.

En primer lugar, muestra interés genuino por sus preocupaciones y sentimientos. Pregunta cómo se sienten y escucha activamente sus respuestas sin juzgar. Demuestra empatía hacia sus preocupaciones y dile que estás ahí para apoyarlos en todo momento.

Además, es importante ser una presencia constante en la vida de Cáncer. Haz un esfuerzo por pasar tiempo de calidad juntos y crear recuerdos significativos. Ya sea compartiendo una cena tranquila en casa o yendo a dar un paseo por la playa al atardecer, muestra a Cáncer que valoras su compañía y disfrutas de su presencia.

Otra forma de mostrar apoyo y lealtad a Cáncer es ofrecerles tu ayuda y apoyo práctico cuando lo necesiten. Ya sea ayudándolos con tareas domésticas, ofreciendo un hombro sobre el que llorar o estando ahí para escuchar cuando necesiten desahogarse, demuestra a Cáncer que pueden contar contigo en cualquier situación.

Finalmente, es importante recordar que la lealtad va más allá de las palabras. Demuestra tu compromiso con Cáncer a través de tus acciones y decisiones. Sé fiel a tus promesas y compromisos, y hazles saber que siempre puedes confiar en ti. Tu apoyo y lealtad inquebrantables serán profundamente apreciados por Cáncer y fortalecerán aún más vuestro vínculo emocional.

Capítulo 5: Leo - El Líder

El quinto capítulo de nuestra exploración astrológica se centra en Leo, conocido como "El Líder" del zodíaco. Representado por el majestuoso león y gobernado por el sol, Leo irradia confianza y carisma. Su personalidad segura de sí misma y determinada lo convierte en un líder natural en cualquier situación. Los leoninos son apasionados y creativos, con una autoestima saludable y un sentido innato de dignidad. Disfrutan del centro de atención y destacan en roles de liderazgo, donde pueden brillar y motivar a otros hacia el éxito.

Como líderes, los leoninos son visionarios y motivadores. Poseen un fuerte sentido de propósito y dirección, dispuestos a asumir riesgos para alcanzar sus objetivos. Su enfoque centrado en los resultados los convierte en líderes efectivos en el trabajo, la comunidad y la vida social. Son impulsados por la pasión y la determinación, pero también valoran el trabajo en equipo y reconocen las contribuciones de los demás.

En cuanto a la compatibilidad, Leo puede formar relaciones poderosas con otros signos del zodíaco. Con Aries, comparten una pasión ardiente y un espíritu aventurero. Con Libra, encuentran equilibrio y armonía, formando una pareja dinámica. Con Sagitario, comparten una sed de aventura y exploración del mundo.

5.1 Personalidad de Leo:

La personalidad de Leo está marcada por su confianza, carisma y determinación. Representado por el majestuoso león y gobernado por el sol, Leo irradia una energía vibrante y una presencia dominante en cualquier situación. Los leoninos son personas seguras de sí mismas que disfrutan del centro de atención y tienen una autoestima saludable. Son apasionados y creativos, con un fuerte sentido de propósito y dirección en la vida. Además, valoran el reconocimiento y la admiración de los demás, y están dispuestos a trabajar duro para alcanzar el éxito y brillar en cualquier situación.

La confianza y el carisma de Leo

La confianza y el carisma son características definitorias de Leo. Los leoninos tienen una autoestima saludable y una creencia innata en sus propias habilidades y talentos. Irradian una energía positiva y una presencia magnética que atrae a los demás hacia ellos. Su confianza en sí mismos les permite enfrentar desafíos con valentía y determinación, y les ayuda a liderar con autoridad y seguridad en cualquier situación.

El carisma de Leo es evidente en su capacidad para inspirar y motivar a otros. Su personalidad magnética y su encanto natural hacen que sea fácil para ellos ganarse el afecto y la admiración de quienes los rodean. Los leoninos tienen una habilidad única para cautivar a la audiencia y dejar una impresión duradera en las personas que conocen. Su presencia iluminadora y su optimismo contagioso hacen que sean personas agradables de estar cerca y difíciles de olvidar.

El deseo de reconocimiento y admiración en Leo

Leo anhela el reconocimiento y la admiración de los demás. Como signo regido por el sol, necesitan brillar y destacar en todo lo que hacen. Los leoninos se esfuerzan por alcanzar el éxito y recibir elogios por sus logros. Valorando la atención y el aprecio de los demás, se esfuerzan por destacar en cualquier situación y dejar una impresión duradera en quienes los rodean.

El deseo de reconocimiento de Leo puede manifestarse en su búsqueda de roles de liderazgo y oportunidades para brillar en el centro de atención. Les gusta ser elogiados y reconocidos por sus logros, y disfrutan de la admiración y el respeto de los demás. Sin embargo, es importante que Leo recuerde que el verdadero valor proviene de dentro, y que el reconocimiento externo nunca debe definir su autoestima o valía personal.

Cómo brilla Leo en el centro de atención

Leo brilla en el centro de atención con su carisma, confianza y magnetismo personal. Cuando están en el foco de atención, los leoninos se destacan por su presencia dominante y su capacidad para cautivar a la audiencia. Su energía vibrante y su encanto natural los hacen destacar entre la multitud y dejar una impresión duradera en quienes los rodean.

Cuando Leo está en el centro de atención, se sienten en su elemento y despliegan todo su potencial. Son carismáticos y expresivos, y disfrutan de la oportunidad de compartir sus ideas y pasiones con los demás. Su creatividad y entusiasmo son contagiosos, y tienen la capacidad de inspirar y motivar a quienes los rodean. En resumen, cuando Leo brilla en el centro de atención, ilumina el mundo con su energía radiante y su presencia magnética.

5.2 Compatibilidad de Leo:

La compatibilidad de Leo con los 12 signos del zodiaco varía según la dinámica única de cada relación. Como líder natural y carismático, Leo tiende a llevar la delantera en las interacciones, buscando la admiración y el reconocimiento de su pareja. Con signos de fuego como Aries y Sagitario, comparte una pasión ardiente y una energía vibrante, formando relaciones emocionantes y llenas de aventura. Sin embargo, puede surgir cierta competencia por el centro de atención entre estos signos. Con signos de aire como Géminis y Libra, Leo disfruta de una conexión intelectual estimulante, aunque la falta de drama puede dejarlo ansioso por más emoción.

Con signos de tierra como Tauro y Virgo, Leo encuentra estabilidad y seguridad, pero la terquedad de ambos puede causar conflictos. Con signos de agua como Cáncer y Escorpio, Leo experimenta una intensa conexión emocional, pero la sensibilidad excesiva de estos signos puede resultar abrumadora para su naturaleza más extrovertida. Por otro lado, con Piscis, Leo encuentra una profunda comprensión emocional, pero la falta de estructura puede ser frustrante.

Leo con otros signos de fuego (Aries y Sagitario)

Leo y Aries: es altamente emocional y llena de pasión. Ambos son signos de fuego, lo que significa que comparten una energía vibrante y una disposición audaz. Se comprenden mutuamente en un nivel instintivo y comparten una ambición ardiente. Juntos, forman una pareja dinámica que se anima y se desafía mutuamente. Sin embargo, la competencia por el liderazgo puede ser un problema, ya que ambos quieren estar al mando.

Leo y Sagitario: forman una pareja aventurera y emocionante. Ambos comparten una sed de libertad y una pasión por la exploración. Disfrutan viajando, probando cosas nuevas y buscando emociones fuertes juntos. Comparten una visión optimista de la vida y se apoyan mutuamente en la consecución de sus metas y sueños. Sin embargo, deben tener cuidado de no volverse demasiado impulsivos y tener en cuenta las necesidades emocionales del otro.

Leo con signos de aire (Géminis, Libra y Acuario)

Leo y Géminis: tienen una relación llena de estimulación intelectual y diversión. Géminis admira la confianza y el carisma de Leo, mientras que Leo encuentra fascinante la mente aguda y curiosa de Géminis. Juntos, disfrutan de conversaciones profundas y emocionantes, así como de experiencias nuevas y emocionantes. Sin embargo, Leo puede sentirse frustrado por la naturaleza indecisa de Géminis y la necesidad de libertad de este último.

Leo y Libra: forman una pareja elegante y equilibrada. Ambos aprecian la belleza, el arte y la armonía en la vida. Leo se siente atraído por la gracia y el encanto de Libra, mientras que Libra admira la fuerza y la determinación de Leo. Juntos, disfrutan de una vida social activa y cultivan una relación basada en la comunicación y la comprensión mutua. Sin embargo, deben tener cuidado de no dejar que la vanidad de Leo o la indecisión de Libra afecten su relación.

Leo y Acuario: tienen una conexión intelectual y emocional. Ambos valoran la independencia y la individualidad en la relación. Leo se siente atraído por la originalidad y la creatividad de Acuario, mientras que Acuario admira la pasión y el entusiasmo de Leo. Juntos, disfrutan de debates estimulantes y exploran nuevas ideas y conceptos. Sin embargo, Leo puede sentirse frustrado por la naturaleza impredecible y distante de Acuario, mientras que Acuario puede sentirse limitado por la necesidad de atención constante de Leo.

Leo con signos de tierra (Tauro, Virgo y Capricornio)

Leo y Tauro: forman una pareja estable y segura. Ambos valoran la lealtad, la estabilidad y el compromiso en la relación. Leo se siente atraído por la confianza y la determinación de Tauro, mientras que Tauro admira la pasión y el carisma de Leo. Juntos, disfrutan de una vida llena de comodidades y seguridad material. Sin embargo, deben tener cuidado de no volverse demasiado tercos y aprender a ceder en ciertos asuntos.

Leo y Virgo: tienen una relación basada en el respeto mutuo y la admiración. Virgo aprecia la confianza y la fuerza de Leo, mientras que Leo admira la inteligencia y la atención al detalle de Virgo. Juntos, forman una pareja equilibrada que se complementa mutuamente en áreas donde el otro puede ser más débil. Sin embargo, deben tener cuidado de no criticarse mutuamente en exceso y aprender a aceptar las diferencias en lugar de intentar cambiar al otro.

Leo y Capricornio: tienen una relación basada en el respeto mutuo y la ambición compartida. Capricornio admira la determinación y la ambición de Leo, mientras que Leo aprecia la estabilidad y la seguridad de Capricornio. Juntos, forman una pareja poderosa que puede lograr grandes cosas en la vida. Sin embargo, deben tener cuidado de no volverse demasiado competitivos entre sí y recordar la importancia de apoyarse mutuamente en la consecución de sus metas y sueños.

Leo con signos de agua (Cáncer, Escorpio y Piscis)

Leo y Cáncer: tienen una relación basada en la emoción y la sensibilidad. Cáncer aprecia la pasión y el entusiasmo de Leo, mientras que Leo encuentra consuelo en la comprensión y el apoyo emocional de Cáncer. Juntos, forman una pareja que se cuida y se protege mutuamente en momentos de necesidad. Sin embargo, deben tener cuidado de no ahogarse mutuamente con demasiada dependencia emocional y aprender a dar espacio cuando sea necesario.

Leo y Escorpio: tienen una relación intensa y apasionada. Ambos comparten una profundidad emocional y un deseo de conexión emocional profunda. Escorpio admira la confianza y la determinación de Leo, mientras que Leo encuentra fascinante la intensidad y la misteriosa naturaleza de Escorpio. Juntos, disfrutan de una conexión emocional profunda y un compromiso mutuo. Sin embargo, deben tener cuidado de no caer en patrones de control y celos, y aprender a confiar y comunicarse abiertamente el uno con el otro.

Leo y Piscis: tienen una relación basada en la compasión y la empatía. Piscis admira la generosidad y la calidez de Leo, mientras que Leo encuentra consuelo en la sensibilidad y la comprensión de Piscis. Juntos, forman una pareja que se apoya mutuamente en momentos de necesidad y se consuela en tiempos difíciles. Sin embargo, deben tener cuidado de no permitir que la sensibilidad excesiva de Piscis abrume a Leo, y aprender a establecer límites claros y comunicarse abiertamente sobre sus necesidades y deseos.

• • • •

Consejos para mantener la chispa viva en una relación con Leo

Mantener la chispa viva en una relación con Leo puede ser emocionante y gratificante. Aquí tienes algunos consejos para mantener viva la pasión y el romance:

1. **Elogia su brillo**: A Leo le encanta recibir elogios y sentirse admirado. Reconoce sus logros, resalta sus cualidades positivas y demuéstrale cuánto valoras su presencia en tu vida.
2. **Organiza citas emocionantes**: Sorprende a Leo con planes emocionantes y aventuras. Organiza salidas a lugares interesantes, conciertos, cenas románticas o incluso escapadas de fin de semana. La variedad y la emoción mantendrán viva la chispa en la relación.
3. **Apoya sus metas y sueños**: Leo tiene grandes ambiciones y aspiraciones. Apóyalo en la consecución de sus metas y sueños, y celebra sus éxitos juntos. Una relación en la que ambos se apoyan mutuamente en sus objetivos es una

fuente constante de inspiración y motivación.

4. **Mantén la pasión**: No temas expresar tu amor y afecto de manera apasionada. A Leo le gusta sentirse deseado y adorado, así que muestra tu amor con gestos románticos, abrazos apasionados y momentos íntimos.

5. **Fomenta la comunicación abierta**: La comunicación es clave en cualquier relación, y esto es especialmente cierto para Leo, que valora la honestidad y la transparencia. Habla abiertamente sobre tus sentimientos, necesidades y deseos, y anima a Leo a hacer lo mismo.

6. **Resalta su creatividad**: Leo es naturalmente creativo y le gusta ser el centro de atención. Fomenta su creatividad animándolo a perseguir sus pasiones artísticas o a participar en actividades que lo hagan brillar, como actuaciones teatrales, proyectos artísticos o eventos sociales.

7. **Mantén la diversión**: No pierdas de vista la diversión y la espontaneidad en la relación. Organiza juegos, salidas y actividades que les permitan reír juntos y disfrutar el uno del otro.

8. **Respeta su independencia**: Aunque Leo disfruta de la compañía y la atención, también valora su independencia y libertad. Respeta su espacio personal y permítele perseguir sus intereses individuales.

9. **Demuestra lealtad y confianza**: La lealtad y la confianza son fundamentales para Leo en una relación. Demuestra tu compromiso y confianza en él, y evita los celos y la posesividad.

10. **Celebra su individualidad**: A Leo le gusta destacar y ser único. Celebra su individualidad y aprecia todas las cosas

que lo hacen especial. Una relación en la que ambos se sienten valorados y apreciados por quiénes son es una relación que siempre mantendrá viva la chispa del amor.

5.3 Consejos para convivir con Leo:

Convivir con un Leo puede ser una experiencia emocionante y gratificante. Estos individuos son conocidos por su carisma, determinación y pasión, lo que puede hacer que la vida juntos sea emocionante y llena de energía. Sin embargo, también pueden presentar desafíos únicos debido a su fuerte personalidad y necesidad de liderazgo. Aquí hay algunos consejos para convivir armoniosamente con Leo y cultivar una relación feliz y satisfactoria:

Cómo elogiar y apoyar las ambiciones de Leo

Leo tiende a tener grandes ambiciones y sueños, y valorará enormemente tu apoyo y aliento en la consecución de sus metas. Aquí hay algunas formas de elogiar y respaldar las ambiciones de Leo:

- Reconoce y elogia sus logros: Celebra sus éxitos y logros, ya sean grandes o pequeños. Hazle saber lo orgulloso que estás de él y lo mucho que valoras su arduo trabajo y dedicación.
- Sé su mayor fan: Apóyalo en sus proyectos y aspiraciones, ya sea que esté persiguiendo una carrera, un hobby o cualquier otra meta. Ofrece tu ayuda y apoyo siempre que lo necesite y demuéstrale que estás detrás de él en cada paso del camino.

- Fomenta su creatividad: Leo es naturalmente creativo y le gusta destacar. Anima su creatividad y expresión artística, ya sea alentándolo a pintar, escribir, actuar o cualquier otra forma de arte que le apasione. Celebra su individualidad y talento.

Manejar la necesidad de liderazgo y control de Leo

Si bien la naturaleza dominante y el deseo de liderazgo de Leo pueden ser admirables, también pueden causar fricciones en la convivencia. Aquí hay algunas formas de manejar la necesidad de liderazgo y control de Leo de manera constructiva:

- Comunicación abierta: Habla abierta y honestamente sobre tus propias necesidades y deseos en la relación. Expresa tu opinión de manera clara y respetuosa, y asegúrate de que Leo entienda tus puntos de vista y preocupaciones.
- Comparte responsabilidades: Asegúrate de que las tareas y responsabilidades en la relación se compartan de manera equitativa. Deja claro que valoras su liderazgo y contribución, pero también necesitas espacio para tomar decisiones y ejercer tu propia autonomía.
- Permítele brillar: A veces, dejar que Leo tome la delantera y se sienta en control puede ser beneficioso para la relación. Permítele liderar en situaciones en las que se sienta cómodo y competente, y reconoce y aprecia sus esfuerzos.

Formas de alimentar el romance y la pasión con Leo

Leo es un amante apasionado y romántico que disfruta de las muestras de afecto y admiración. Aquí hay algunas formas de mantener viva la chispa del romance y la pasión con Leo:

- Gestos románticos: Sorprende a Leo con gestos románticos y atenciones, como cenas a la luz de las velas, escapadas románticas o regalos pensativos. Demuéstrale cuánto lo amas y lo aprecias con pequeños detalles que lo hagan sentir especial.
- Mantén la diversión: Busca actividades divertidas y emocionantes que puedan disfrutar juntos, ya sea saliendo a bailar, probando deportes extremos o simplemente riendo juntos. La risa y la diversión son ingredientes clave para mantener viva la pasión en la relación.
- Expresa tu amor: No temas expresar tus sentimientos y emociones hacia Leo de manera apasionada y sincera. Dile cuánto lo amas y lo valoras, y demuéstrale tu afecto con abrazos, besos y muestras de cariño físico.

Convivir con Leo puede ser una experiencia emocionante y gratificante si aprendes a apreciar su naturaleza apasionada y carismática. Con el apoyo adecuado y la comunicación abierta, puedes cultivar una relación feliz y satisfactoria con este signo del zodíaco.

Capítulo 6: Virgo - El Analítico

El capítulo 6 de nuestro libro se sumerge en el mundo del signo zodiacal Virgo, conocido por su enfoque meticuloso y analítico de la vida. A través de esta exploración, los lectores serán guiados a través de las complejidades de la personalidad de Virgo, sus tendencias perfeccionistas y cómo estas características influyen en sus vidas y relaciones.

Este capítulo ofrece una visión profunda y perspicaz de lo que significa ser un Virgo, revelando sus rasgos característicos y cómo estos moldean su forma de pensar, actuar y relacionarse con los demás. Virgo es gobernado por Mercurio, el planeta de la comunicación y el intelecto, lo que dota a los individuos de este signo con una mente aguda y analítica. La meticulosidad y atención al detalle son rasgos prominentes en la personalidad de Virgo, lo que los convierte en excelentes observadores y solucionadores de problemas.

El perfeccionismo es una cualidad distintiva de los virgo, quienes tienden a establecer estándares muy altos para sí mismos y para los demás. Este deseo de alcanzar la perfección puede ser una fuente de motivación y logro, pero también puede llevar a la autocrítica excesiva y a la insatisfacción constante. A través de ejemplos concretos y análisis detallados, este capítulo explora cómo los virgo manejan su impulso perfeccionista en diferentes áreas de sus vidas, desde el trabajo y las relaciones hasta su salud y bienestar personal.

La convivencia con un Virgo requiere comprensión y paciencia, ya que su enfoque meticuloso puede a veces ser percibido como excesivo o crítico por quienes los rodean. Sin embargo, este capítulo ofrece consejos prácticos para convivir armoniosamente con un Virgo, incluyendo la importancia de apoyar su perfeccionismo de manera positiva, comunicarse claramente y respetar su necesidad de espacio personal.

A través de ejemplos ilustrativos y anécdotas conmovedoras, los lectores serán llevados en un viaje de autodescubrimiento y comprensión de la compleja psicología de Virgo. Este capítulo no solo ofrece una visión profunda de las características y rasgos distintivos de Virgo, sino que también proporciona herramientas prácticas y consejos útiles para aquellos que buscan mejorar sus relaciones con los Virgo en sus vidas.

6.1 Personalidad de Virgo:

El signo de Virgo es conocido por su personalidad meticulosa y perfeccionista. Gobernado por Mercurio, los individuos de este signo poseen una mente aguda y analítica que los lleva a prestar atención a los detalles más pequeños en todas las áreas de sus vidas. Son trabajadores, ordenados y tienen un enfoque práctico y lógico de la vida. Su búsqueda constante de perfección puede llevarlos a ser críticos consigo mismos y con los demás, pero también los impulsa a alcanzar grandes logros y a destacar en lo que hacen.

La atención al detalle y la meticulosidad de Virgo

La atención al detalle es una característica distintiva de la personalidad de Virgo. Estos individuos tienen una habilidad innata para detectar incluso los errores más pequeños y los detalles más sutiles que a menudo pasan desapercibidos para los demás. Su enfoque meticuloso se refleja en todas las áreas de sus vidas, desde el trabajo y los proyectos hasta las relaciones personales y el cuidado personal. Los Virgo tienden a ser perfeccionistas por naturaleza y se esfuerzan por hacer las cosas de la mejor manera posible.

Su capacidad para analizar y organizar la información de manera sistemática los convierte en excelentes solucionadores de problemas y planificadores. Son detallistas y precavidos, lo que les permite anticipar problemas y tomar medidas preventivas para evitarlos. Sin embargo, esta meticulosidad puede llevarlos a ser demasiado críticos consigo mismos y con los demás, lo que puede generar tensiones en las relaciones interpersonales.

El enfoque práctico y lógico de Virgo en la vida

Virgo es un signo de tierra, lo que le confiere un enfoque práctico y lógico de la vida. Estos individuos son realistas y orientados hacia los resultados, prefiriendo centrarse en lo concreto y lo tangible en lugar de en la especulación o la fantasía. Son trabajadores y disciplinados, y tienen una fuerte ética laboral que los impulsa a esforzarse por alcanzar sus metas y objetivos.

Su enfoque lógico se refleja en su forma de tomar decisiones y resolver problemas. Prefieren basar sus acciones en la evidencia y el razonamiento sólido en lugar de en la intuición o la emoción. Esto los convierte en compañeros confiables y prácticos en situaciones difíciles, ya que son capaces de mantener la calma y encontrar soluciones efectivas incluso en momentos de crisis.

• • • •

Cómo busca la perfección Virgo en todo lo que hace

La búsqueda de la perfección es una característica central de la personalidad de Virgo. Estos individuos tienen estándares muy altos para sí mismos y para los demás, y tienden a esforzarse por alcanzar la excelencia en todo lo que hacen. Son perfeccionistas por naturaleza y no se conforman con menos que lo mejor.

Esta búsqueda constante de perfección puede ser una fuente de motivación y logro, pero también puede llevar a la autocrítica excesiva y a la insatisfacción constante. Los Virgo son propensos a revisar una y otra vez su trabajo en busca de errores o áreas de mejora, lo que puede llevarlos a sentirse nunca satisfechos con sus propios logros. Sin embargo, esta misma cualidad los impulsa a esforzarse por alcanzar grandes alturas y a destacar en sus campos de interés.

6.2 Compatibilidad de Virgo:

La compatibilidad de Virgo con los doce signos del zodíaco abarca una amplia gama de dinámicas interpersonales que pueden variar según las características individuales de cada persona y las circunstancias específicas de la relación. En general, Virgo tiende a llevarse bien con signos que comparten su enfoque práctico, su atención al detalle y su deseo de estabilidad y seguridad.

Cuando se trata de signos de tierra como Tauro y Capricornio, Virgo encuentra una afinidad natural debido a su enfoque compartido en la estabilidad, la seguridad y el trabajo duro. Estas relaciones suelen ser sólidas y duraderas, ya que ambos signos valoran la lealtad, la honestidad y el compromiso mutuo.

Con signos de agua como Cáncer y Escorpio, Virgo puede experimentar una conexión emocional profunda, ya que ambos signos valoran la intimidad, la comprensión y el cuidado mutuo. Sin embargo, Virgo puede encontrar la sensibilidad emocional de estos signos un poco abrumadora a veces, lo que puede requerir un esfuerzo adicional para lograr un equilibrio emocional.

La compatibilidad de Virgo con signos de aire como Géminis, Libra y Acuario puede variar según la capacidad de comunicación y comprensión mutua. Virgo admira la naturaleza intelectual y socialmente activa de estos signos, pero puede sentirse frustrado por su tendencia a ser más abstractos y menos prácticos en sus enfoques. Sin embargo, con esfuerzo y compromiso, estas relaciones pueden ser estimulantes y enriquecedoras para ambas partes.

En cuanto a la compatibilidad con signos de fuego como Aries, Leo y Sagitario, Virgo puede encontrar una mezcla interesante de dinamismo y desafío. Estas relaciones suelen ser apasionadas y emocionantes, pero también pueden ser desafiantes debido a las diferencias en el estilo de vida y las prioridades. Virgo puede sentirse atraído por la energía y la confianza de los signos de fuego, pero también puede necesitar espacio para mantener su propio ritmo y seguir sus propios intereses.

Virgo con otros signos de tierra (Tauro y Capricornio)

Virgo y Tauro: Ambos signos comparten una conexión terrenal y práctica que crea una base sólida para la relación. Tanto Virgo como Tauro valoran la estabilidad, la seguridad y el trabajo duro, lo que les permite construir una relación basada en la confianza mutua y el compromiso. La comunicación franca y honesta entre estos dos signos les ayuda a resolver conflictos de manera efectiva y a mantener una relación armoniosa y duradera.

Virgo y Capricornio: Comparten un enfoque similar hacia la vida, caracterizado por la ambición, la responsabilidad y el pragmatismo. Ambos signos valoran el trabajo duro, la disciplina y la perseverancia, lo que les permite construir una relación estable y productiva. Su mutuo respeto por la ética laboral y el compromiso los ayuda a enfrentar los desafíos juntos y a alcanzar sus metas comunes.

Virgo con signos de agua (Cáncer, Escorpio y Piscis)

Virgo y Cáncer: Puede ser compleja debido a las diferencias en sus enfoques emocionales y prácticos de la vida. Cáncer es sensible, emocional y busca seguridad emocional, mientras que Virgo tiende a ser más reservado y analítico. Sin embargo, si logran comunicarse abierta y honestamente, pueden complementarse bien y encontrar un equilibrio entre la sensibilidad emocional y la racionalidad.

Virgo y Escorpio: Tienen una conexión magnética y profunda debido a su naturaleza analítica y su deseo compartido de profundizar en las cosas. Sin embargo, las diferencias en su enfoque emocional pueden crear fricciones en la relación. Virgo tiende a ser más práctico y lógico, mientras que Escorpio es más emocional e intuitivo. La comunicación clara y el compromiso mutuo son clave para superar estos desafíos y construir una relación duradera.

Virgo y Piscis: Tienen estilos de vida y necesidades emocionales muy diferentes, lo que puede dificultar la conexión entre ellos. Virgo tiende a ser más estructurado y práctico, mientras que Piscis es soñador y emocional. Las diferencias en su enfoque de la vida pueden llevar a malentendidos y conflictos en la relación. Sin embargo, con esfuerzo y comprensión mutua, pueden aprender a apreciar y complementarse entre sí.

Virgo con signos de aire (Géminis, Libra y Acuario)

Virgo y Géminis: puede ser estimulante y desafiante debido a las diferencias en sus estilos de vida y enfoques de la vida. Géminis es curioso, adaptable y social, mientras que Virgo tiende a ser más reservado y enfocado en los detalles. La comunicación clara y la comprensión mutua son esenciales para que esta relación funcione.

Virgo y Libra: tienen enfoques muy diferentes hacia la vida, lo que puede llevar a fricciones en la relación. Libra es sociable, diplomático y busca armonía, mientras que Virgo tiende a ser más práctico y analítico. Sin embargo, si pueden encontrar un equilibrio entre sus diferencias y aprender a valorar las cualidades únicas del otro, pueden construir una relación sólida y equilibrada.

Virgo y Acuario: puede ser desafiante debido a las grandes diferencias en sus personalidades y enfoques de la vida. Acuario es independiente, innovador y poco convencional, mientras que Virgo tiende a ser más tradicional y enfocado en los detalles. Las diferencias en sus valores y prioridades pueden crear tensiones en la relación, pero con esfuerzo y compromiso mutuo, pueden aprender a apreciar y respetar las diferencias del otro.

Virgo con signos de fuego (Aries, Leo y Sagitario)

Virgo y Aries: puede ser emocionante y desafiante debido a las diferencias en sus personalidades y estilos de vida. Aries es impulsivo, enérgico y aventurero, mientras que Virgo tiende a ser más metódico y cauteloso. La comunicación clara y el compromiso mutuo son clave para superar las diferencias y construir una relación sólida y duradera.

Virgo y Leo: tienen enfoques muy diferentes hacia la vida, lo que puede crear fricciones en la relación. Leo es seguro, carismático y busca la atención, mientras que Virgo tiende a ser más modesto y reservado. Sin embargo, si pueden aprender a valorar y respetar las cualidades únicas del otro, pueden construir una relación sólida y equilibrada.

Virgo y Sagitario: puede ser desafiante debido a las grandes diferencias en sus personalidades y enfoques de la vida. Sagitario es aventurero, optimista y busca la libertad, mientras que Virgo tiende a ser más práctico y enfocado en los detalles. Las diferencias en sus valores y prioridades pueden crear tensiones en la relación, pero con esfuerzo y compromiso mutuo, pueden aprender a apreciar y respetar las diferencias del otro.

Estrategias para apoyar y complementar las habilidades de Virgo en una relación

Apoyar y complementar las habilidades de Virgo en una relación puede fortalecer la conexión y crear un ambiente de apoyo mutuo. Aquí hay algunas estrategias para lograrlo:

1. Reconoce y valora su meticulosidad:

- Aprecia la atención al detalle de Virgo en las tareas diarias y exprésale gratitud por su minuciosidad.

- Reconoce sus esfuerzos por mantener el orden y la eficiencia en la relación y anímale a seguir haciéndolo.

2. Fomenta su necesidad de organización:

- Colabora en la elaboración de horarios o listas de tareas y respeta su necesidad de estructura y planificación.
- Ayuda a mantener un ambiente ordenado y organizado en el hogar, lo que contribuirá a su sensación de tranquilidad y control.

3. Apoya su enfoque analítico y lógico:

- Cuando surjan problemas o desafíos, trabaja junto con Virgo para encontrar soluciones prácticas y efectivas.
- Valora su capacidad para pensar de manera objetiva y ofrecer perspectivas claras y razonadas sobre diversas situaciones.

4. Ofrece estímulo y aliento:

- Anima a Virgo a perseguir sus metas y ambiciones, brindándole el apoyo necesario para alcanzar su máximo potencial.
- Reconoce sus logros y éxitos, por pequeños que sean, y celebra sus avances en el camino hacia sus objetivos.

5. Promueve su crecimiento personal:

- Apoya los intereses y pasiones de Virgo y fomenta su

búsqueda de conocimiento y mejora personal.

- Involúcrate en actividades que le permitan desarrollarse y crecer tanto a nivel personal como profesional.

6. Alienta la flexibilidad y la espontaneidad:

- Aunque Virgo valora la estructura y la rutina, anímale a disfrutar de momentos de espontaneidad y diversión.
- Propón actividades que le permitan desconectar y relajarse, ayudándole a encontrar un equilibrio entre el trabajo y el ocio.

7. Brinda apoyo emocional:

- Escucha atentamente sus preocupaciones y temores, ofreciéndole un hombro en el cual apoyarse.
- Demuestra comprensión y empatía hacia sus inquietudes, creando un espacio seguro donde pueda expresarse libremente.

8. Sé su compañero de equipo:

- Trabaja junto con Virgo para superar los desafíos y obstáculos que se presenten en la relación.
- Cultiva una dinámica de colaboración y cooperación, donde ambos puedan contribuir al crecimiento y bienestar mutuo.

6.3 Consejos para convivir con Virgo:

Convivir con un Virgo puede ser una experiencia gratificante y enriquecedora, pero también puede presentar desafíos únicos debido a las características distintivas de este signo. Aquí hay algunos consejos prácticos para convivir armoniosamente con un Virgo:

Cómo manejar la autocrítica y la preocupación excesiva de Virgo

Los Virgo son conocidos por su naturaleza perfeccionista y su tendencia a ser autocríticos. Constantemente se esfuerzan por alcanzar estándares muy altos y pueden ser duros consigo mismos cuando sienten que no están cumpliendo con sus propias expectativas. Para manejar esto de manera efectiva:

1. **Fomenta la autoaceptación:** Ayuda a tu compañero Virgo a reconocer y aceptar sus propias imperfecciones. Anímale a ser compasivo consigo mismo y a entender que está bien cometer errores ocasionalmente.
2. **Proporciona apoyo emocional:** Escucha activamente las preocupaciones y los pensamientos autocríticos de Virgo sin juzgar. Bríndale consuelo y tranquilidad, recordándole que su valía no está determinada por la perfección.
3. **Promueve la perspectiva positiva:** Ayuda a Virgo a enfocarse en sus logros y éxitos en lugar de centrarse únicamente en sus deficiencias. Celebra sus victorias, por pequeñas que sean, y anímalo a reconocer su propio valor y talento.

Fomentar un ambiente ordenado y organizado para Virgo

Los Virgo valoran el orden y la organización en su entorno, ya que les ayuda a sentirse seguros y en control. Para crear un ambiente que satisfaga estas necesidades:

1. **Mantén la limpieza y el orden:** Colabora con Virgo para mantener un hogar limpio y organizado. Dedica tiempo regularmente para limpiar y ordenar juntos, creando un ambiente tranquilo y armonioso.
2. **Crea rutinas y estructura:** Establece rutinas diarias y horarios claros para ayudar a Virgo a sentirse más seguro y cómodo en su entorno. Planifica actividades y tareas de manera anticipada para minimizar el estrés y la incertidumbre.
3. **Ofrece soluciones prácticas:** Si surgen problemas o desafíos en el hogar, colabora con Virgo para encontrar soluciones prácticas y efectivas. Su enfoque lógico y analítico puede ser invaluable para resolver problemas de manera eficiente.

Formas de mostrar aprecio por el esfuerzo y la dedicación de Virgo

Los Virgo son trabajadores y dedicados, y valoran el reconocimiento por sus esfuerzos. Demostrar aprecio por su arduo trabajo y compromiso puede fortalecer su conexión y motivación. Aquí hay algunas formas de hacerlo:

1. **Expresa gratitud:** Reconoce y agradece los esfuerzos y contribuciones de Virgo de manera regular. Hazle saber

lo mucho que valoras su trabajo duro y dedicación en todas las áreas de la vida.

2. **Ofrece elogios sinceros:** Halaga a Virgo por sus logros y habilidades. Reconoce sus fortalezas y cualidades positivas, resaltando su ingenio, eficiencia y atención al detalle.

3. **Da muestras de afecto:** Demuestra tu aprecio por Virgo con gestos pequeños pero significativos, como notas de agradecimiento, abrazos reconfortantes o actos de servicio. Hazle saber que su esfuerzo no pasa desapercibido y que su dedicación es valorada y admirada.

Al seguir estos consejos, podrás convivir de manera armoniosa y gratificante con un Virgo, construyendo una relación basada en la comprensión, el apoyo mutuo y el amor incondicional.

Capítulo 7: Libra - El Diplomático

En el vibrante universo de la astrología, cada signo zodiacal despliega una personalidad única y fascinante, influenciada por las estrellas y los planetas que lo gobiernan. En el séptimo capítulo de esta serie astrológica, nos adentramos en el reino de Libra, un signo regido por Venus, el planeta del amor y la armonía. Bajo el título "El Diplomático", este capítulo nos sumerge en las profundidades del alma libriana, explorando sus características más prominentes y revelando los misterios que envuelven a este signo del equilibrio.

Libra, el signo de la balanza, personifica la búsqueda eterna de la armonía y la justicia en todas las facetas de la vida. Como un verdadero diplomático del zodíaco, los librianos poseen un don innato para la mediación y la conciliación, buscando siempre el equilibrio y la paz en medio del caos. Su naturaleza afable y diplomática los convierte en expertos en resolver conflictos y encontrar soluciones que satisfagan a todas las partes involucradas.

Sin embargo, detrás de su fachada serena y diplomática, yace un profundo deseo de conexión emocional y afectiva. Regidos por Venus, los librianos son amantes del amor y la belleza, y buscan relaciones equilibradas y armoniosas en todos los aspectos de sus vidas. Su encanto natural y su carisma magnético los convierten en compañeros irresistibles, capaces de conquistar corazones con su gracia y elegancia.

Pero no todo es armonía y romance en la vida de un libriano. A menudo se enfrentan a la indecisión y la ambivalencia, luchando por encontrar el equilibrio entre sus propias necesidades y las de los demás. Su deseo de complacer a todos a su alrededor puede llevarlos a sacrificarse a sí mismos en el proceso, perdiendo de vista sus propias ambiciones y deseos en aras de mantener la paz y la armonía.

En el ámbito profesional, los librianos destacan por su habilidad para trabajar en equipo y su capacidad para colaborar con otros en proyectos creativos y colaborativos. Su sentido innato de la justicia los convierte en defensores de la equidad y la igualdad en el lugar de trabajo, luchando por un trato justo y equitativo para todos.

Sin embargo, su indecisión puede convertirse en un obstáculo en su camino hacia el éxito, ya que a menudo luchan por tomar decisiones firmes y definitivas. Su constante búsqueda de equilibrio puede llevarlos a procrastinar o a posponer decisiones importantes, lo que puede obstaculizar su progreso profesional.

7.1 Personalidad de Libra:

Libra, el séptimo signo del zodíaco, es representado por la balanza, simbolizando su búsqueda constante de equilibrio y armonía en todas las áreas de la vida. Regido por Venus, el planeta del amor y la belleza, los librianos son conocidos por su encanto, diplomacia y sentido innato de la justicia. Son personas que valoran las relaciones equitativas y están comprometidas con la resolución pacífica de conflictos. La personalidad de Libra está marcada por su deseo de mantener la paz y la armonía tanto en su vida personal como en la sociedad en general.

La búsqueda de equilibrio y armonía de Libra

Libra es conocido como el signo del equilibrio, y esta característica es fundamental en la personalidad de los librianos. Buscan constantemente la armonía en todas las áreas de sus vidas, desde las relaciones interpersonales hasta su entorno laboral y social. Los librianos son sensibles a los desequilibrios y las injusticias, y harán todo lo posible por restaurar la armonía cuando sea necesario.

Esta búsqueda de equilibrio se refleja en todos los aspectos de la vida de Libra, desde su sentido estético hasta su enfoque en las relaciones interpersonales. Son personas que valoran la belleza y la elegancia en todas sus formas y se esfuerzan por crear un entorno que refleje su aprecio por la estética.

Sin embargo, esta obsesión por el equilibrio puede llevar a los librianos a luchar con la indecisión y la ambivalencia. A menudo se encuentran en la encrucijada entre diferentes opciones, incapaces de tomar una decisión definitiva por temor a perturbar el equilibrio. Esta indecisión puede ser frustrante para ellos y para quienes los rodean, pero también es una parte integral de su búsqueda constante de armonía.

La diplomacia y la capacidad de negociación de Libra

La habilidad diplomática de Libra es legendaria, y son conocidos por su capacidad para resolver conflictos y encontrar soluciones pacíficas incluso en las situaciones más difíciles. Son maestros en el arte de la negociación, capaces de encontrar un terreno común entre diferentes puntos de vista y llegar a compromisos que satisfagan a todas las partes involucradas.

Por último, con los signos de agua, como Cáncer, Escorpio y Piscis, Libra encuentra una conexión emocional profunda y una sensibilidad compartida. Estas relaciones pueden ser intensas y emocionales, pero también pueden requerir trabajo y compromiso para superar los desafíos y mantener el equilibrio.

Libra con otros signos de aire (Géminis y Acuario)

Libra, como signo de aire, comparte con Géminis y Acuario una afinidad por la comunicación, la creatividad y la exploración intelectual. Estos signos se sienten atraídos mutuamente por su espíritu curioso y su deseo de aprender y descubrir nuevas ideas. La compatibilidad entre Libra y los otros signos de aire se manifiesta de la siguiente manera:

Libra y Géminis: Tienen una relación llena de estímulo intelectual y social. Ambos disfrutan de conversaciones profundas y animadas, así como de actividades sociales y aventuras. Comparten una afinidad natural por la variedad y la novedad, lo que hace que su relación sea emocionante y dinámica.

Libra y Acuario: Se basa en su amor compartido por la innovación y la originalidad. Ambos valoran la independencia y la libertad, lo que les permite respetar los espacios individuales en la relación. Su capacidad para pensar fuera de lo común y su deseo de hacer del mundo un lugar mejor los une en una asociación intelectual y progresista.

Libra con signos de fuego (Leo, Sagitario y Aries)

Los signos de fuego, como Leo, Sagitario y Aries, comparten con Libra una energía dinámica y apasionada. Aunque pueden presentar desafíos debido a diferencias en la forma de abordar la vida, la compatibilidad entre Libra y los signos de fuego se manifiesta de la siguiente manera:

Libra y Leo: Comparten una conexión basada en el romance y la creatividad. Sin embargo, las diferencias en la forma de abordar el liderazgo y la toma de decisiones pueden causar conflictos en la relación. Con paciencia y compromiso, pueden aprender a valorar y respetar las fortalezas únicas del otro.

Libra y Sagitario: Está marcada por una energía vibrante y aventurera. Ambos signos disfrutan de la exploración y la expansión, lo que les permite compartir experiencias emocionantes y estimulantes juntos. Su compatibilidad se basa en su capacidad para mantenerse abiertos a nuevas ideas y aventuras.

Libra y Aries: Tienen una relación llena de pasión y energía. Sin embargo, las diferencias en la forma de abordar el conflicto y la toma de decisiones pueden causar fricciones en la relación. Con comunicación abierta y compromiso mutuo, pueden encontrar un equilibrio entre la independencia y la cooperación.

Libra con signos de tierra (Tauro, Virgo y Capricornio)

Los signos de tierra comparten con Libra una afinidad por la estabilidad, la seguridad y el pragmatismo. Esta conexión puede proporcionar una base sólida para las relaciones, aunque pueden surgir desafíos debido a diferencias en la forma de abordar la vida y las prioridades individuales.

Libra y Tauro: Encuentran una conexión basada en la estabilidad, la sensualidad y la lealtad. Ambos valoran la belleza y el confort, lo que puede crear un ambiente acogedor y armonioso en la relación. Sin embargo, pueden surgir conflictos debido a diferencias en la toma de decisiones y la gestión del tiempo.

Libra y Virgo: Comparten una afinidad por el detalle, la organización y la perfección. Ambos son prácticos y orientados hacia el trabajo, lo que puede crear una base sólida para la relación. Sin embargo, las diferencias en la forma de abordar los problemas y la comunicación pueden plantear desafíos en la relación.

Libra y Capricornio: Tienen una conexión basada en el compromiso, la ambición y el sentido de responsabilidad. Ambos son trabajadores y orientados hacia el éxito, lo que puede crear una relación sólida y estable. Sin embargo, las diferencias en la forma de abordar el trabajo y las responsabilidades pueden causar conflictos en la relación.

Libra con signos de agua (Cáncer, Escorpio y Piscis)

Los signos de agua comparten con Libra una sensibilidad emocional profunda y una intensidad emocional. Esta conexión puede proporcionar una base sólida para las relaciones, aunque pueden surgir desafíos debido a diferencias en la forma de abordar las emociones y la comunicación.

Libra y Cáncer: Comparten una conexión basada en la sensibilidad emocional y la compasión. Ambos son románticos y cariñosos, lo que puede crear una relación emocionalmente satisfactoria. Sin embargo, las diferencias en la forma de expresar y manejar las emociones pueden causar conflictos en la relación.

Libra y Escorpio: Tienen una conexión basada en la intensidad emocional y la pasión. Ambos son apasionados y leales, lo que puede crear una relación emocionalmente profunda. Sin embargo, las diferencias en la forma de abordar el poder y el control pueden causar conflictos en la relación.

Libra y Piscis: Encuentran una conexión basada en la compasión, la creatividad y la espiritualidad. Ambos son románticos y soñadores, lo que puede crear una relación emocionalmente satisfactoria. Su capacidad para entender y apoyar las necesidades emocionales del otro puede fortalecer la relación a lo largo del tiempo.

• • • •

Estrategias para mantener la paz y la armonía en una relación con Libra

Mantener la paz y la armonía en una relación con Libra puede ser una tarea gratificante, ya que este signo valora profundamente la estabilidad emocional y el equilibrio en sus interacciones. Aquí hay algunas estrategias efectivas para cultivar y mantener una relación armoniosa con un libriano:

1. **Comunicación abierta y honesta:** Libra valora la comunicación clara y directa. Fomenta un ambiente donde ambos puedan expresar sus pensamientos, sentimientos y preocupaciones libremente, sin temor al juicio o la crítica. La transparencia y la honestidad fortalecen la confianza mutua y ayudan a resolver los conflictos de manera constructiva.

2. **Compromiso y flexibilidad:** Libra aprecia la capacidad de compromiso y la disposición a encontrar soluciones mutuamente satisfactorias. Esté dispuesto a ceder en ciertos puntos y a buscar un terreno común en lugar de insistir en tener siempre la razón. La flexibilidad en la toma de decisiones y la disposición a adaptarse a las

necesidades cambiantes de la relación son fundamentales para mantener la armonía.

3. **Equilibrio entre la independencia y la conexión:** Libra valora la independencia personal, pero también busca una conexión profunda y significativa en sus relaciones. Encuentre un equilibrio saludable entre pasar tiempo juntos y permitirse espacio individual para perseguir intereses y actividades propias. Respetar los límites personales y fomentar la autonomía fortalece la relación y promueve un sentido de libertad mutua.

4. **Respeto mutuo:** Libra considera el respeto como un pilar fundamental de cualquier relación. Trate a su pareja libriana con cortesía, amabilidad y consideración en todo momento. Valore sus opiniones, deseos y necesidades, y demuestre un genuino interés por comprender su punto de vista.

5. **Cultivo de intereses compartidos:** Fomentar intereses y actividades compartidas fortalece el vínculo emocional entre usted y su pareja Libra. Encuentre pasatiempos, proyectos o pasiones que ambos disfruten y dediquen tiempo juntos a cultivarlos. Esto no solo fortalece la conexión emocional, sino que también crea recuerdos significativos y compartidos.

6. **Gestión constructiva de conflictos:** Es natural que surjan conflictos en cualquier relación, pero es importante abordarlos de manera constructiva y respetuosa. Evite los enfrentamientos y las confrontaciones agresivas, en su lugar, busque soluciones pacíficas y compromisos que satisfagan a ambas partes. Practique la escucha activa y la empatía para comprender

mejor las necesidades y preocupaciones de su pareja Libra.

Al implementar estas estrategias, puede cultivar una relación sólida y armoniosa con su pareja Libra, basada en la comunicación abierta, el compromiso mutuo y el respeto mutuo.

7.3 Consejos para convivir con Libra:

Convivir con un Libra puede ser una experiencia gratificante y enriquecedora, ya que son conocidos por su encanto, su naturaleza diplomática y su deseo de armonía en todas las áreas de la vida. Sin embargo, entender y apreciar las peculiaridades de este signo puede requerir un enfoque consciente y algunas estrategias específicas. A continuación, se presentan consejos útiles para convivir de manera armoniosa con un Libra, centrándose en tres temáticas clave: cómo manejar la indecisión y la tendencia a evitar conflictos, fomentar un ambiente estético y elegante, y expresar aprecio por la amabilidad y el compromiso de Libra.

Cómo manejar la indecisión y la tendencia a evitar conflictos de Libra

Una de las características más destacadas de Libra es su tendencia a ser indeciso y evitar conflictos a toda costa. Si bien esta cualidad puede ser frustrante en ocasiones, entender su origen y abordarlo con comprensión y paciencia puede ayudar a fortalecer la relación.

- **Practica la paciencia:** Cuando te encuentres en una situación donde Libra tenga dificultades para tomar una decisión o enfrentar un conflicto, recuerda ser paciente.

La indecisión no es necesariamente una falta de compromiso, sino más bien una necesidad de evaluar todas las opciones antes de tomar una determinación.

- **Fomenta la comunicación abierta:** Anima a Libra a expresar sus pensamientos y sentimientos de manera abierta y honesta. Crear un ambiente seguro y acogedor donde se sienta libre de compartir sus preocupaciones puede ayudar a disminuir su ansiedad ante la toma de decisiones o la confrontación.

- **Ofrece apoyo y orientación:** En lugar de presionar a Libra para que tome decisiones rápidas o enfrente conflictos de inmediato, ofrece tu apoyo y orientación. Ayúdale a explorar sus opciones de manera tranquila y reflexiva, brindándole tu perspectiva sin imponer tus propias opiniones.

Fomentar un ambiente estético y elegante para Libra

Como amante del arte, la belleza y la estética, Libra se siente más cómodo en entornos que reflejen su gusto refinado y su aprecio por lo bello. Crear un ambiente estético y elegante en el hogar o en el lugar de trabajo puede contribuir en gran medida a su bienestar y felicidad.

- **Decora con buen gusto:** Escoge muebles, obras de arte y decoraciones que reflejen el estilo y la sensibilidad de Libra. Opta por colores suaves y tonos neutros, así como por piezas que incorporen elementos de diseño elegantes y sofisticados.

- **Mantén la armonía visual:** Evita el desorden y el caos en el espacio compartido, ya que esto puede perturbar la sensibilidad estética de Libra. Mantén el orden y la armonía visual, organizando cuidadosamente los objetos y asegurándote de que cada elemento contribuya al ambiente general.

- **Crea espacios de relajación:** Dedica áreas específicas del hogar o del entorno de trabajo para el descanso y la relajación, donde Libra pueda disfrutar de momentos de tranquilidad y contemplación. Incorpora elementos como velas aromáticas, cojines suaves y música suave para crear una atmósfera serena y relajante.

Formas de expresar aprecio por la amabilidad y el compromiso de Libra

Libra es conocido por su amabilidad, su sentido de la justicia y su compromiso con el bienestar de los demás. Reconocer y valorar estas cualidades puede fortalecer la relación y fomentar una conexión más profunda y significativa.

- **Expresa gratitud:** Reconoce y agradece los gestos amables y considerados de Libra. Ya sea preparando una comida especial, organizando una salida divertida o simplemente escuchando con atención, demuéstrale tu aprecio por su generosidad y compromiso.
- **Celebra sus logros:** Reconoce los esfuerzos y logros de Libra, por pequeños que sean. Anima y apoya sus aspiraciones y metas, y celebra sus éxitos con entusiasmo y alegría.
- **Participa en actividades compartidas:** Dedica tiempo a

participar en actividades que Libra disfrute y valore. Ya sea asistiendo a eventos culturales, practicando un pasatiempo conjunto o simplemente pasando tiempo de calidad juntos, muestra tu compromiso y tu aprecio por sus intereses y pasiones.

Capítulo 8: Escorpio - El Apasionado

El capítulo 8 del zodíaco nos sumerge en el fascinante mundo de Escorpio, el apasionado del horóscopo. Representado por el escorpión, este signo está impregnado de intensidad emocional, magnetismo y un profundo deseo de encontrar significado en todas las facetas de la vida.

Explorar la personalidad de Escorpio es adentrarse en un territorio de pasión y determinación inquebrantables. Este signo no conoce el término "medio", pues abraza cada experiencia con una profundidad y entrega excepcionales. Su naturaleza emocionalmente intensa le otorga una capacidad única para conectar profundamente con otros y con su propio ser interior.

El magnetismo que rodea a Escorpio es palpable desde el primer encuentro. Con una presencia magnética y una mirada penetrante, este signo atrae la atención y la curiosidad de quienes lo rodean. Su aura de misterio y secreto solo añade al encanto irresistible que lo rodea, invitando a otros a descubrir las capas profundas y enigmáticas que se esconden debajo de la superficie.

En la búsqueda constante de significado, Escorpio se sumerge en las profundidades del alma y la psique humana. Este signo está impulsado por un deseo innato de entender las verdades fundamentales que subyacen en la existencia. Ya sea explorando el mundo físico o el reino metafísico, Escorpio busca desentrañar los misterios más profundos y encontrar la esencia misma de la vida.

8.1 Personalidad de Escorpio:

La personalidad de Escorpio es profundamente intrigante y enigmática. Representado por el escorpión en el zodíaco, este signo es conocido por su intensidad emocional, su magnetismo irresistible y su búsqueda incansable de significado en todas las áreas de la vida. Los escorpiones son personas apasionadas, determinadas y profundamente comprometidas con todo lo que emprenden. Poseen una fuerza interior que les permite enfrentar los desafíos con valentía y resiliencia, mientras que su naturaleza reservada y misteriosa agrega un aura de intriga a su personalidad. Los Escorpio son exploradores del alma, siempre en busca de verdades profundas y significados ocultos en el mundo que los rodea. Su enfoque profundo y penetrante de la vida los hace fascinantes compañeros de conversación y amigos leales, pero también pueden ser intensos y, a veces, impredecibles en sus emociones y acciones.

La intensidad emocional y la determinación de Escorpio

Los escorpiones son conocidos por experimentar emociones con una intensidad excepcional. Cada sentimiento, ya sea amor, ira, alegría o tristeza, es experimentado por Escorpio en su máxima expresión. Esta intensidad emocional los impulsa a sumergirse profundamente en sus relaciones y proyectos, buscando conexiones auténticas y experiencias significativas. Además, la determinación de Escorpio es incomparable. Una vez que este signo se compromete con un objetivo, no hay nada que lo detenga. Poseen una fuerza de voluntad feroz y una capacidad para superar obstáculos con una tenacidad inquebrantable. Esta combinación de intensidad emocional y determinación los hace poderosos y persuasivos líderes, capaces de inspirar a otros y lograr grandes cosas en la vida.

El magnetismo y el misterio que rodean a Escorpio

El magnetismo de Escorpio es innegable. Con su presencia magnética y su mirada penetrante, tienen la capacidad de atraer la atención y la admiración de quienes los rodean. Su aura de misterio y secreto agrega una capa adicional de fascinación, dejando a otros intrigados y deseando descubrir más sobre ellos. Los Escorpio tienden a guardar sus pensamientos más profundos y sus emociones más íntimas bajo llave, lo que les confiere un aire de misterio y enigma. Esta cualidad los hace irresistiblemente atractivos y difíciles de ignorar, lo que les otorga un poder de seducción natural.

Cómo Escorpio busca el significado profundo en todas las cosas

La búsqueda de significado es una parte integral de la personalidad de Escorpio. Estos individuos están constantemente explorando las profundidades del alma y la psique humana en busca de verdades fundamentales. Son filósofos en el verdadero sentido de la palabra, buscando respuestas a preguntas profundas sobre la vida, la muerte, el amor y la espiritualidad. Escorpio se sumerge en cada experiencia con una sed insaciable de conocimiento y comprensión, buscando encontrar el significado más profundo en todas las cosas. Ya sea a través de la introspección personal, la exploración intelectual o la conexión emocional con otros, Escorpio está constantemente en busca de la verdad última que subyace en la existencia humana. Su capacidad para encontrar belleza y significado en los rincones más oscuros y profundos de la vida los distingue como almas verdaderamente especiales y enriquecedoras.

8.2 Compatibilidad de Escorpio:

La compatibilidad de Escorpio con los doce signos del zodiaco puede variar según diversos factores, incluyendo la naturaleza única de cada individuo y las dinámicas específicas de cada relación. Sin embargo, generalmente se destaca por su intensidad emocional y su búsqueda de conexiones profundas y significativas. Con signos de agua como Cáncer y Piscis, Escorpio comparte una comprensión intuitiva y una conexión emocional profunda. Con signos de tierra como Tauro, Virgo y Capricornio, la estabilidad y la lealtad pueden ser puntos de conexión, aunque también pueden surgir tensiones debido a diferencias en la expresión emocional. Con signos de aire como Géminis, Libra y Acuario, Escorpio puede enfrentar desafíos en la comunicación y la comprensión emocional, pero también puede beneficiarse de la mentalidad abierta y la perspectiva única de estos signos. Con signos de fuego como Aries, Leo y Sagitario, la pasión y la energía pueden ser puntos de conexión, aunque también pueden surgir conflictos debido a diferencias en el manejo del poder y el control. En última instancia, la compatibilidad de Escorpio con los otros signos del zodiaco depende de la disposición de ambas partes para comprometerse, comunicarse abierta y honestamente, y cultivar una conexión emocional profunda y significativa.

Escorpio con otros signos de agua (Cáncer y Piscis)

Escorpio, como signo de agua, comparte con Cáncer y Piscis una profunda sensibilidad emocional y una capacidad para sumergirse en las profundidades del alma. Estos signos se sienten atraídos mutuamente por su comprensión intuitiva y su conexión emocional. La compatibilidad entre Escorpio y los otros signos de agua se manifiesta de la siguiente manera:

Escorpio y Cáncer: Tienen una conexión emocional intensa y protectora. Ambos valoran la lealtad y la seguridad emocional, lo que les permite construir una relación basada en la confianza mutua y el apoyo incondicional. Comparten una profunda conexión familiar y un deseo de crear un hogar cálido y acogedor juntos.

Escorpio y Piscis: Se basa en su naturaleza espiritual y empática. Ambos son soñadores y románticos, lo que les permite conectarse a un nivel emocional profundo y significativo. Comparten una sensibilidad artística y una visión del mundo única, lo que les permite explorar juntos los rincones más oscuros y misteriosos de la existencia.

Escorpio con signos de tierra (Tauro, Virgo y Capricornio)

Escorpio puede experimentar tanto puntos en común como diferencias significativas con los signos de tierra Tauro, Virgo y Capricornio. La compatibilidad entre Escorpio y los signos de tierra se manifiesta de la siguiente manera:

Escorpio y Tauro: Tienen una conexión basada en la estabilidad y la seguridad. Ambos valoran la lealtad y la perseverancia, lo que les permite construir una relación sólida y duradera. Aunque pueden surgir conflictos debido a diferencias en la expresión emocional y el manejo del poder, su compromiso mutuo y su determinación pueden superar cualquier obstáculo.

Escorpio y Virgo: Se basa en la atención al detalle y la capacidad de análisis. Ambos son observadores y analíticos, lo que les permite comprenderse mutuamente en un nivel profundo. Aunque pueden surgir tensiones debido a diferencias en la comunicación y la expresión emocional, su disposición para comprometerse y trabajar juntos en sus objetivos los une en una asociación sólida y productiva.

Escorpio y Capricornio: Tienen una conexión basada en el compromiso mutuo y la ambición compartida. Ambos son ambiciosos y orientados hacia el éxito, lo que les permite apoyarse mutuamente en la consecución de sus metas. Aunque pueden enfrentarse a desafíos debido a diferencias en la forma de abordar la vida y los valores fundamentales, su determinación y su voluntad de compromiso pueden fortalecer su relación a lo largo del tiempo.

Escorpio con signos de fuego (Aries, Leo y Sagitario)

Escorpio puede experimentar una intensa pasión y una energía vibrante en las relaciones con los signos de fuego Aries, Leo y Sagitario. La compatibilidad entre Escorpio y los signos de fuego se manifiesta de la siguiente manera:

Escorpio y Aries: Tienen una conexión basada en la pasión y la determinación compartida. Ambos son líderes naturales y disfrutan de desafíos emocionantes, lo que les permite inspirarse mutuamente en la consecución de sus metas. Aunque pueden surgir conflictos debido a diferencias en el manejo del poder y el control, su capacidad para superar obstáculos juntos puede fortalecer su relación.

Escorpio y Leo: Se basa en la confianza y la admiración mutua. Ambos son apasionados y carismáticos, lo que les permite disfrutar de una conexión emocional profunda y estimulante. Aunque pueden enfrentarse a desafíos debido a diferencias en la expresión emocional y la necesidad de atención, su capacidad para reconocer y valorar las cualidades únicas del otro puede fortalecer su vínculo.

Escorpio y Sagitario: Tienen una conexión basada en la aventura y la exploración. Ambos son aventureros y están abiertos a nuevas experiencias, lo que les permite disfrutar de una relación emocionante y dinámica. Aunque pueden surgir conflictos debido a diferencias en las prioridades y el compromiso, su disposición para explorar el mundo juntos puede fortalecer su vínculo.

Escorpio con signos de aire (Géminis, Libra y Acuario)

Las relaciones entre Escorpio y los signos de aire Géminis, Libra y Acuario pueden ser complejas debido a diferencias en la forma de abordar las emociones y la comunicación. La compatibilidad entre Escorpio y los signos de aire se manifiesta de la siguiente manera:

Escorpio y Géminis: Tienen una relación llena de estímulo intelectual y social. Ambos disfrutan de conversaciones profundas y animadas, así como de actividades sociales y aventuras. Comparten una afinidad natural por la variedad y la novedad, lo que hace que su relación sea emocionante y dinámica.

Escorpio y Libra: Se basa en su amor compartido por la innovación y la originalidad. Ambos valoran la independencia y la libertad, lo que les permite respetar los espacios individuales en la relación. Su capacidad para pensar fuera de lo común y su deseo de hacer del mundo un lugar mejor los une en una asociación intelectual y progresista.

Escorpio y Acuario: Se basa en su mentalidad abierta y su perspectiva única. Ambos son idealistas y están comprometidos con causas sociales y humanitarias, lo que les permite trabajar juntos en la consecución de objetivos comunes. Aunque pueden enfrentarse a desafíos debido a diferencias en las prioridades y los valores fundamentales, su deseo compartido de cambiar el mundo puede unirlos en una asociación inspiradora y significativa.

Estrategias para construir confianza y seguridad en una relación con Escorpio

Para construir confianza y seguridad en una relación con Escorpio, es fundamental tener en cuenta la naturaleza profunda y emocional de este signo. Aquí hay algunas estrategias efectivas:

1. Comunicación abierta y honesta: Escorpio valora la autenticidad y la transparencia en una relación. Es importante establecer un ambiente donde ambos puedan expresar libremente sus pensamientos, sentimientos y preocupaciones sin temor al juicio. La comunicación clara y directa ayuda a construir una base sólida de confianza mutua.

2. Respeto por la privacidad: Escorpio valora su privacidad y necesita tiempo a solas para procesar sus emociones y pensamientos. Es importante respetar su espacio personal y no presionarlo para que revele más de lo que está dispuesto. Demostrar comprensión y apoyo en momentos de retiro puede fortalecer la confianza en la relación.

3. Demostración de lealtad: Escorpio valora la lealtad y la fidelidad en una relación. Es importante demostrarle constantemente que puedes ser de confianza y que estás comprometido con la relación a largo plazo. Evita comportamientos que puedan generar dudas o inseguridades en Escorpio y asegúrate de mantener tus promesas.

4. Empatía y comprensión: Escorpio es un signo profundamente emocional y puede experimentar altibajos emocionales intensos. Practicar la empatía y la comprensión en momentos de dificultad puede ayudar a fortalecer el vínculo emocional y construir una mayor confianza. Escucha activamente sus preocupaciones y muestra apoyo incondicional en todo momento.

5. Transparencia financiera: Escorpio valora la estabilidad y la seguridad financiera en una relación. Es importante mantener una comunicación abierta sobre asuntos financieros y trabajar juntos para establecer metas financieras comunes. La transparencia en temas como el presupuesto, los gastos y los ahorros puede ayudar a construir confianza y seguridad en la relación.

6. Compromiso con el crecimiento mutuo: Escorpio busca una relación que les permita crecer y evolucionar como individuos. Es importante demostrar un compromiso continuo con el crecimiento personal y mutuo en la relación. Trabaja juntos para superar desafíos, resolver conflictos y alcanzar metas compartidas. La disposición para crecer juntos fortalecerá la confianza en la relación a lo largo del tiempo.

8.3 Consejos para convivir con Escorpio:

Convivir con un Escorpio puede ser una experiencia emocionante y gratificante, pero también puede presentar desafíos únicos debido a la intensidad emocional y el misterio que caracterizan a este signo. Aquí hay algunos consejos clave para convivir armoniosamente con un Escorpio:

Cómo manejar los celos y la posesividad de Escorpio

Los celos y la posesividad son aspectos prominentes en la personalidad de Escorpio debido a su profunda conexión emocional y su necesidad de seguridad en la relación. Para manejar esta faceta de su personalidad, es importante:

- **Comunicación abierta:** Habla abiertamente sobre tus sentimientos y preocupaciones con tu pareja Escorpio. La comunicación honesta puede ayudar a resolver malentendidos y construir una mayor confianza en la relación.

- **Reafirmar la confianza:** Demuestra a tu pareja Escorpio que puedes ser de confianza y que estás comprometido con la relación. Mantén tus promesas y evita comportamientos que puedan generar celos o inseguridades.

- **Establecer límites saludables:** Es importante establecer límites claros y respetar el espacio personal de cada uno en la relación. Fomenta la confianza mutua al permitir que ambos mantengan su autonomía y libertad individual.

- **Fomentar la seguridad emocional:** Ayuda a tu pareja Escorpio a sentirse seguro emocionalmente demostrándole tu amor y apoyo constantes. Escucha activamente sus preocupaciones y miedos, y bríndale la seguridad de que estás ahí para él/ella en todo momento.

Respetar la necesidad de privacidad y misterio de Escorpio

Escorpio valora su privacidad y su necesidad de mantener cierto grado de misterio en su vida. Para respetar esta faceta de su personalidad, considera lo siguiente:

- **Espacio personal:** Respeta el espacio personal de tu pareja Escorpio y no presiones para obtener más información de la que está dispuesto/a compartir. Dale el tiempo y el espacio que necesita para procesar sus emociones y pensamientos.

- **No forzar la apertura:** No intentes forzar a tu pareja Escorpio a revelar más de lo que está cómodo/a compartiendo. Respeta su ritmo y espera a que él/ella decida abrirse a su debido tiempo.

- **Mantener el misterio:** Aprecia y disfruta del aura de

misterio que rodea a tu pareja Escorpio. No intentes desentrañar todos sus secretos de inmediato, y permítele mantener cierto grado de misterio en la relación.

- **Fomentar la confianza:** Construye una base sólida de confianza mutua en la relación, demostrando que puedes respetar su privacidad y confiar en su compromiso contigo. La confianza es fundamental para fortalecer el vínculo emocional con tu pareja Escorpio.

Formas de fortalecer la conexión emocional con Escorpio

Escorpio busca una conexión emocional profunda y significativa en sus relaciones. Para fortalecer esta conexión, considera lo siguiente:

- **Comunicación honesta:** Fomenta una comunicación abierta y honesta con tu pareja Escorpio, donde ambos puedan compartir sus pensamientos, sentimientos y sueños libremente. La comunicación sincera fortalecerá el vínculo emocional entre ustedes.

- **Demostrar apoyo:** Demuestra a tu pareja Escorpio que estás ahí para él/ella en todo momento, ofreciendo tu apoyo incondicional y tu amor. Sé su roca en momentos de dificultad y celebra sus éxitos juntos.

- **Compartir experiencias profundas:** Busca oportunidades para compartir experiencias emocionalmente significativas con tu pareja Escorpio, como conversaciones profundas, momentos de intimidad y actividades que fortalezcan su conexión emocional.

- **Mostrar aprecio:** Expresa regularmente tu aprecio por tu pareja Escorpio, reconociendo sus cualidades únicas y valorando la profundidad de su conexión emocional. El reconocimiento y la gratitud fortalecerán su vínculo emocional y crearán un sentido de conexión más profundo.

Siguiendo estos consejos, podrás construir una relación sólida y armoniosa con tu pareja Escorpio, basada en la confianza mutua, el respeto por la individualidad y una conexión emocional profunda y significativa.

Capítulo 9: Sagitario - El Aventurero

En el fascinante zodíaco, el Capítulo 9 se centra en el signo de Sagitario, representado por el Arquero, un símbolo de movimiento constante y búsqueda perpetua. Sagitario, conocido como "El Aventurero", encarna el espíritu intrépido y optimista que busca la expansión y la libertad en todos los aspectos de la vida.

Sagitario es gobernado por Júpiter, el planeta de la expansión, la abundancia y la filosofía, lo que le otorga a este signo una naturaleza generosa, optimista y enérgica. Los nacidos bajo el signo de Sagitario son conocidos por su amor por la aventura, su entusiasmo contagioso y su espíritu libre e independiente.

El Arquero es un buscador incansable de conocimiento y experiencias nuevas. Sagitario se siente más vivo cuando está explorando el mundo, ya sea a través de viajes físicos o viajes mentales. Este signo anhela la libertad y la autonomía, y no teme correr riesgos en su búsqueda de crecimiento personal y expansión.

La personalidad de Sagitario se caracteriza por su sinceridad y franqueza. Los sagitarianos son conocidos por decir lo que piensan sin rodeos, a veces sin considerar las consecuencias. Su honestidad puede ser refrescante, pero también pueden ser demasiado directos, lo que puede causar conflictos en sus relaciones interpersonales.

El optimismo es una de las cualidades más destacadas de Sagitario. Incluso en los momentos más difíciles, este signo tiende a mantener una actitud positiva y optimista hacia la vida. Ven cada desafío como una oportunidad para aprender y crecer, y creen firmemente que el universo siempre conspira a su favor.

La independencia es un valor fundamental para Sagitario. No les gusta sentirse limitados o restringidos en cualquier aspecto de su vida. Necesitan tener la libertad de seguir sus propios intereses y explorar el mundo a su propio ritmo. Cualquier intento de controlar o coartar su libertad puede llevar a la resistencia y la rebeldía por parte de Sagitario.

En el amor, Sagitario es un compañero apasionado y aventurero. Buscan una pareja que comparta su amor por la aventura y la exploración, alguien con quien puedan compartir nuevas experiencias y descubrir el mundo juntos. Sin embargo, su naturaleza libre e independiente puede hacer que se sientan atrapados en relaciones demasiado restrictivas o controladoras.

9.1 Personalidad de Sagitario:

Sagitario, un signo de fuego gobernado por Júpiter, es conocido por su espíritu aventurero y su búsqueda incesante de la verdad y la libertad. Los nativos de Sagitario son optimistas, entusiastas y amantes de la libertad, con una pasión innata por explorar el mundo y buscar el significado más profundo de la vida. Son personas abiertas, honestas y francas, con un gran sentido del humor y una actitud positiva hacia la vida.

La libertad y la búsqueda de la verdad de Sagitario

La libertad es un valor fundamental para Sagitario. Estos individuos anhelan la autonomía y la independencia en todos los aspectos de la vida. Se sienten más vivos cuando tienen la libertad de explorar el mundo y seguir sus propias convicciones. Sagitario busca constantemente la verdad, tanto en el mundo exterior como en su propio ser interior. Son filósofos naturales, siempre cuestionando, explorando y buscando respuestas más allá de lo evidente. Su deseo de verdad y su sed de conocimiento los llevan a aventurarse en nuevas experiencias y a buscar constantemente el significado más profundo de la vida.

El optimismo y el entusiasmo contagioso de Sagitario

El optimismo es una de las cualidades más destacadas de Sagitario. A pesar de los desafíos que puedan enfrentar, estos individuos mantienen una actitud positiva y esperanzadora hacia la vida. Ven cada obstáculo como una oportunidad para crecer y aprender, y creen firmemente que el universo siempre conspira a su favor. Su entusiasmo contagioso puede inspirar a quienes los rodean, y su capacidad para ver el lado bueno de las cosas puede iluminar incluso los días más oscuros. Sagitario es el amigo que siempre está dispuesto a levantar el ánimo y a encontrar la diversión en cualquier situación.

Cómo Sagitario encuentra inspiración en la exploración y el aprendizaje

La exploración y el aprendizaje son parte integral de la vida de Sagitario. Estos individuos encuentran inspiración en la diversidad del mundo que los rodea y están constantemente en busca de nuevas experiencias y conocimientos. Son viajeros intrépidos, exploradores del mundo y de la mente, siempre dispuestos a aventurarse en lo desconocido. La curiosidad de Sagitario es insaciable, y encuentran alegría y satisfacción en descubrir nuevas culturas, ideas y perspectivas. La exploración y el aprendizaje son para ellos formas de enriquecimiento personal y espiritual, y les permiten expandir sus horizontes y alcanzar nuevas alturas en su búsqueda de la verdad y la realización personal.

9.2 Compatibilidad de Sagitario:

Sagitario, el aventurero del zodíaco, es un signo de fuego gobernado por Júpiter, lo que lo hace expansivo, optimista y siempre en busca de nuevas experiencias. En términos de compatibilidad con los otros signos del zodíaco, Sagitario tiende a llevarse bien con una amplia gama de personalidades, gracias a su naturaleza abierta y adaptable.

Con Géminis y Acuario, otros signos de aire, Sagitario comparte una conexión intelectual y una apreciación por la libertad y la exploración. Su naturaleza aventurera les permite disfrutar de actividades emocionantes juntos y mantener conversaciones estimulantes.

Con Leo y Aries, compañeros signos de fuego, Sagitario experimenta una relación llena de pasión y energía. Comparten un sentido similar de aventura y entusiasmo por la vida, lo que les permite disfrutar de momentos emocionantes y aventuras juntos.

Con Libra, otro signo de fuego, Sagitario encuentra una conexión basada en la armonía y la diplomacia. Aunque pueden surgir diferencias debido a sus enfoques opuestos de la vida, pueden complementarse mutuamente si están dispuestos a comprometerse y comunicarse abiertamente.

Con Tauro, Virgo y Capricornio, signos de tierra, Sagitario puede enfrentar algunos desafíos debido a sus diferencias fundamentales en cuanto a la estabilidad y la aventura. Sin embargo, si ambos están dispuestos a comprometerse y encontrar un equilibrio entre la seguridad y la exploración, pueden construir una relación sólida y duradera.

Con Cáncer, Escorpio y Piscis, signos de agua, Sagitario puede experimentar una conexión emocional profunda y significativa. Aunque pueden surgir desafíos debido a las diferencias en la expresión emocional, si Sagitario puede aprender a ser más sensible y empático, pueden construir una relación basada en la comprensión mutua y el apoyo emocional.

Con respecto a los signos de aire, Sagitario tiende a llevarse bien con Géminis y Acuario, encontrando afinidad en su amor por la libertad y la exploración intelectual. Con los signos de fuego, como Leo, Aries y Libra, Sagitario comparte una pasión por la vida y la aventura, lo que puede llevar a relaciones emocionantes y estimulantes. Con los signos de tierra, como Tauro, Virgo y Capricornio, Sagitario puede encontrar estabilidad y seguridad, aunque puede haber diferencias en términos de enfoque de la vida. Finalmente, con los signos de agua, como Cáncer, Escorpio y Piscis, Sagitario puede experimentar una conexión emocional profunda, aunque puede haber desafíos en la comunicación emocional. En general, Sagitario es adaptable y flexible en sus relaciones, lo que le permite encontrar compatibilidad con una variedad de personalidades.

Sagitario con otros signos de fuego (Leo y Aries)

Sagitario, como signo de fuego, comparte con Leo y Aries una pasión ardiente y una energía vibrante que los impulsa hacia la aventura y la exploración. Estos signos se sienten atraídos por la excitación y el entusiasmo mutuo que comparten, lo que les permite disfrutar de una relación llena de vitalidad y emoción.

Sagitario y Leo: Tienen una conexión ardiente y apasionada. Ambos son signos optimistas y extrovertidos que disfrutan de la vida al máximo. Comparten intereses similares en la aventura y el crecimiento personal, lo que les permite disfrutar de momentos emocionantes y estimulantes juntos. Sin embargo, pueden surgir desafíos debido a sus personalidades dominantes, lo que podría provocar conflictos de ego si no se manejan adecuadamente.

Sagitario y Aries: Se basa en su espíritu intrépido y su amor por la acción. Ambos son signos impulsivos y aventureros que disfrutan del desafío y la emoción. Comparten una pasión por la vida y la libertad, lo que les permite disfrutar de una relación llena de energía y entusiasmo. Sin embargo, pueden surgir conflictos debido a su competitividad y su tendencia a buscar la independencia, lo que podría llevar a desafíos en términos de compromiso y cooperación.

Sagitario con signos de aire (Géminis, Libra y Acuario)

Sagitario, al ser un signo de fuego, se encuentra con Géminis, Libra y Acuario, signos de aire, en un terreno común de ideas y comunicación. Comparten una afinidad por la exploración intelectual y la búsqueda de la verdad, lo que les permite disfrutar de una relación llena de conversaciones estimulantes y aventuras intelectuales.

Sagitario y Géminis: Tienen una conexión intelectual y curiosa. Ambos son signos extrovertidos y sociables que disfrutan de la compañía del otro. Comparten intereses similares en la exploración y el aprendizaje, lo que les permite disfrutar de conversaciones estimulantes y aventuras intelectuales juntos. Sin embargo, pueden surgir desafíos debido a sus diferencias en cuanto a compromiso y estabilidad, lo que podría llevar a problemas en la relación si no se manejan adecuadamente.

Sagitario y Libra: Se basa en su amor compartido por la armonía y la belleza. Ambos son signos sociables y amables que disfrutan de la compañía del otro. Comparten intereses similares en el arte, la cultura y la estética, lo que les permite disfrutar de una relación llena de romanticismo y creatividad. Sin embargo, pueden surgir desafíos debido a su tendencia a evitar conflictos y su falta de compromiso, lo que podría provocar tensiones en la relación si no se abordan adecuadamente.

Sagitario y Acuario: Tienen una conexión intelectual y progresista. Ambos son signos independientes y originales que valoran la libertad y la individualidad. Comparten intereses similares en la innovación y la exploración de ideas nuevas, lo que les permite disfrutar de una relación llena de excitación y descubrimiento. Sin embargo, pueden surgir desafíos debido a su tendencia a ser impredecibles y su falta de compromiso, lo que podría llevar a problemas en la relación si no se manejan adecuadamente.

Sagitario con signos de tierra (Tauro, Virgo y Capricornio)

Sagitario, siendo un signo de fuego, a menudo encuentra una conexión interesante con los signos de tierra, aunque pueden surgir diferencias debido a sus enfoques contrastantes de la vida.

Sagitario y Tauro: Aunque Sagitario puede sentirse atraído por la estabilidad y la seguridad que Tauro ofrece, las diferencias fundamentales en sus enfoques de la vida pueden provocar fricciones. Tauro valora la estabilidad y la rutina, mientras que Sagitario busca aventura y libertad. Sin embargo, si ambos están dispuestos a comprometerse y encontrar un equilibrio entre la estabilidad y la emoción, pueden construir una relación sólida y duradera.

Sagitario y Virgo: Sagitario puede encontrar la naturaleza meticulosa y crítica de Virgo un tanto restrictiva. Virgo tiende a preocuparse por los detalles y la organización, mientras que Sagitario prefiere la espontaneidad y la libertad. Sin embargo, si ambos pueden aprender a apreciar las fortalezas del otro y trabajar juntos para superar sus diferencias, pueden construir una relación enriquecedora basada en el respeto mutuo y la comprensión.

Sagitario y Capricornio: Sagitario puede sentirse atraído por la ambición y la determinación de Capricornio, pero las diferencias en sus enfoques de la vida pueden plantear desafíos. Capricornio es práctico y disciplinado, mientras que Sagitario busca la aventura y la exploración. Sin embargo, si ambos pueden encontrar un terreno común y apoyarse mutuamente en sus metas y aspiraciones, pueden construir una relación sólida y estable a largo plazo.

Sagitario con signos de agua (Cáncer, Escorpio y Piscis)

Sagitario, siendo un signo de fuego, a menudo se siente atraído por la profundidad emocional y la sensibilidad de los signos de agua, aunque pueden surgir desafíos debido a sus diferencias fundamentales en cuanto a expresión emocional y enfoque de la vida.

Sagitario y Cáncer: La sensibilidad y la compasión de Cáncer pueden atraer a Sagitario, pero las diferencias en sus necesidades emocionales pueden crear tensiones. Cáncer valora la seguridad emocional y la conexión emocional profunda, mientras que Sagitario puede ser más independiente y menos expresivo en términos emocionales. Sin embargo, si ambos pueden aprender a comunicarse abierta y honestamente sobre sus sentimientos y necesidades, pueden construir una relación emocionalmente satisfactoria y gratificante.

Sagitario y Escorpio: Sagitario puede sentirse intrigado por el misterio y la intensidad emocional de Escorpio, pero las diferencias en sus enfoques de la vida pueden provocar conflictos. Escorpio valora la profundidad y la intimidad en las relaciones, mientras que Sagitario busca la libertad y la independencia. Sin embargo, si ambos pueden aprender a respetar y aceptar las diferencias del otro, pueden construir una relación emocionante y transformadora.

Sagitario y Piscis: Sagitario puede encontrar la imaginación y la compasión de Piscis encantadoras, pero las diferencias en sus enfoques de la vida pueden presentar desafíos. Piscis valora la conexión espiritual y la empatía, mientras que Sagitario prefiere la aventura y la exploración. Sin embargo, si ambos pueden encontrar un terreno común en su amor mutuo por la creatividad y la imaginación, pueden construir una relación inspiradora y enriquecedora.

Consejos para mantener viva la aventura en una relación con Sagitario

Para mantener viva la aventura en una relación con Sagitario, es importante tener en cuenta su amor por la exploración, la libertad y la emoción. Aquí hay algunos consejos para mantener encendida la chispa de la aventura en la relación:

1. Planifica actividades emocionantes: Organiza viajes espontáneos, salidas a la naturaleza, aventuras al aire libre o actividades inusuales que despierten la curiosidad y la emoción de Sagitario. Esto les brindará nuevas experiencias para compartir juntos y les permitirá mantener viva la emoción en la relación.

2. Fomenta la variedad y la novedad: Sagitario disfruta de la variedad y la novedad en su vida. Introduce actividades nuevas y emocionantes en la relación de forma regular para mantener su interés y entusiasmo. Ya sea probando nuevos restaurantes, explorando nuevos pasatiempos o participando en aventuras improvisadas, la variedad mantendrá viva la aventura en la relación.

3. Sé espontáneo y flexible: Sagitario valora la espontaneidad y la flexibilidad en una relación. Esté abierto a nuevas ideas y oportunidades, y esté dispuesto a salir de su zona de confort de vez en cuando para experimentar algo nuevo y emocionante. La capacidad de adaptarse a los cambios y seguir el flujo de la aventura hará que la relación sea más emocionante y satisfactoria para Sagitario.

4. Comparte sus pasiones e intereses: Descubre lo que apasiona a Sagitario y comparte sus intereses. Ya sea

explorar la naturaleza, practicar deportes extremos, aprender sobre culturas extranjeras o participar en actividades intelectuales, involúcrate activamente en sus pasiones y demuestra tu apoyo. Esto fortalecerá el vínculo entre ustedes y les brindará más oportunidades para aventurarse juntos.

5. Mantén abierta la comunicación: Habla abierta y honestamente sobre tus deseos, sueños y expectativas en la relación. Sagitario valora la comunicación franca y directa, y apreciará tu honestidad. Discutan juntos sus metas y aspiraciones, y busquen oportunidades para crecer y explorar juntos. Una comunicación abierta y sincera fortalecerá su conexión y les ayudará a mantener viva la aventura en la relación.

6. Abraza la libertad individual: Reconoce y respeta la necesidad de Sagitario de tener su espacio y libertad personal. Permítele tiempo para seguir sus propios intereses y actividades, y anima a Sagitario a perseguir sus sueños y metas personales. Una relación saludable es aquella en la que ambos socios tienen la libertad de crecer y desarrollarse individualmente, lo que en última instancia fortalecerá su conexión y les permitirá aventurarse juntos con mayor alegría y satisfacción.

9.3 Consejos para convivir con Sagitario:

Sagitario, el aventurero del zodíaco, es conocido por su espíritu libre, su optimismo contagioso y su amor por la exploración. Convivir con un Sagitario puede ser una experiencia emocionante y enriquecedora, pero también puede presentar algunos desafíos. Aquí hay algunos consejos para convivir con Sagitario y mantener una relación armoniosa y gratificante:

Cómo apoyar y fomentar la independencia de Sagitario

Sagitario valora su libertad e independencia por encima de todo. Es un espíritu libre que necesita espacio para explorar el mundo y seguir sus propios intereses. Para convivir con Sagitario de manera efectiva, es importante apoyar y fomentar su independencia:

- Respeta su necesidad de espacio: Permita que Sagitario tenga tiempo a solas para perseguir sus pasiones e intereses. No lo presiones para que pase todo su tiempo contigo, ya que necesita tiempo para explorar el mundo por su cuenta.
- Fomenta sus aventuras: Anima a Sagitario a seguir sus sueños y perseguir nuevas experiencias. Apóyalo en sus proyectos y metas, y sé su mayor admirador mientras persigue sus objetivos.
- Sé comprensivo con su necesidad de libertad: Comprende que Sagitario puede necesitar escapar de la rutina y la monotonía de vez en cuando. No lo tomes como un rechazo personal si necesita tiempo a solas o si quiere aventurarse solo.

Manejar la impaciencia y la tendencia a la impulsividad de Sagitario

Sagitario, siendo un signo de fuego, tiende a ser impulsivo y puede tener dificultades para esperar. Su naturaleza impaciente puede presentar desafíos en la convivencia, pero hay formas de manejar esta característica:

- Practica la paciencia: Sé comprensivo con la impaciencia de Sagitario y ayúdalo a desarrollar la paciencia. Anímalo a tomarse su tiempo y pensar antes de actuar, en lugar de actuar impulsivamente.
- Comunica tus necesidades: Expresa tus preocupaciones si sientes que la impulsividad de Sagitario está causando problemas en la relación. Habla abierta y honestamente sobre cómo puedes trabajar juntos para encontrar un equilibrio entre la espontaneidad y la planificación.
- Ofrece estabilidad y estructura: Ayuda a Sagitario a encontrar un equilibrio entre la emoción de la aventura y la estabilidad de la vida cotidiana. Ofrece estructura y planificación cuando sea necesario, pero también sé flexible y abierto a la espontaneidad.

Formas de compartir aventuras y experiencias emocionantes con Sagitario

Una de las mejores cosas de convivir con Sagitario es su amor por la aventura y la emoción. Aquí hay algunas formas de compartir aventuras y experiencias emocionantes con Sagitario:

- Planifica actividades emocionantes juntos: Organiza viajes, salidas a la naturaleza, actividades deportivas o

aventuras al aire libre que despierten la emoción y la
emoción de Sagitario.

- Sé abierto a nuevas experiencias: Prueba cosas nuevas y
aventúrate fuera de tu zona de confort con Sagitario. Ya
sea probando nuevos deportes, explorando lugares
desconocidos o participando en actividades inusuales,
estarás creando recuerdos duraderos juntos.
- Disfruta del momento presente: Vive el momento con
Sagitario y disfruta de cada aventura como si fuera la
primera vez. No te preocupes por el futuro o te
obsesiones con el pasado, simplemente disfruta del aquí y
ahora junto a Sagitario.

Capítulo 10: Capricornio - El Ambicioso

Capricornio, representado por el símbolo de la cabra marina, es el décimo signo del zodíaco y está regido por el elemento tierra. Conocido por su determinación, disciplina y ambición, Capricornio se destaca como uno de los signos más trabajadores y orientados hacia el éxito del zodíaco. Los nacidos bajo este signo suelen ser personas prácticas, responsables y con un fuerte sentido del deber.

La ambición es una de las características más destacadas de Capricornio. Estos individuos tienen metas claras y están dispuestos a trabajar arduamente para alcanzarlas. Su enfoque tenaz y su ética de trabajo incansable les permiten enfrentar cualquier desafío con determinación y perseverancia. Para Capricornio, el éxito no es solo una opción, sino una necesidad; están decididos a alcanzar las alturas más altas en sus carreras y logros personales.

La disciplina es otro rasgo distintivo de Capricornio. Son personas organizadas y metódicas que valoran la estructura y la responsabilidad. Con una mentalidad práctica y pragmática, son capaces de desarrollar planes sólidos y seguirlos meticulosamente para lograr sus objetivos. La disciplina de Capricornio se refleja en su capacidad para superar obstáculos y perseverar incluso en las situaciones más desafiantes.

La responsabilidad es una cualidad fundamental para Capricornio. Son individuos confiables y dignos de confianza que asumen sus compromisos con seriedad y dedicación. Siempre están dispuestos a cumplir con sus deberes y obligaciones, ya sea en el trabajo, en la familia o en cualquier otro aspecto de sus vidas. La integridad y la honestidad son valores fundamentales para Capricornio, y se esfuerzan por ser modelos a seguir en todo lo que hacen.

Aunque Capricornio a menudo es percibido como serio y reservado, también tienen un lado indulgente y humorístico que puede sorprender a quienes los rodean. A pesar de su enfoque en el trabajo y el éxito, también valoran el equilibrio en sus vidas y disfrutan del tiempo para relajarse y divertirse. Pueden encontrar alegría en las cosas simples de la vida y apreciar los momentos de tranquilidad y felicidad.

10.1 Personalidad de Capricornio:

Capricornio, el signo del zodíaco representado por la cabra marina, es conocido por su determinación, disciplina y ambición. Los nacidos bajo este signo tienen una personalidad trabajadora y orientada al éxito, que busca constantemente la estabilidad y el logro en todas las áreas de sus vidas.

La determinación y el enfoque en metas de Capricornio

La determinación es una de las características más prominentes de Capricornio. Estos individuos tienen una visión clara de lo que quieren lograr en la vida y están dispuestos a trabajar incansablemente para alcanzar sus metas. Su enfoque en el éxito es inquebrantable, y están dispuestos a superar cualquier obstáculo que se interponga en su camino. La perseverancia es una cualidad distintiva de Capricornio; una vez que se comprometen con un objetivo, están decididos a lograrlo sin importar cuánto tiempo o esfuerzo requiera.

Los capricornianos son excelentes planificadores y estrategas. Son capaces de desarrollar planes detallados y seguirlos meticulosamente para lograr sus objetivos. Su mente práctica y su capacidad para pensar a largo plazo les permiten tomar decisiones informadas y trabajar de manera eficiente hacia el éxito. La determinación de Capricornio se ve reforzada por su enfoque en metas realistas y alcanzables, lo que les permite avanzar constantemente hacia sus aspiraciones.

La disciplina y la responsabilidad de Capricornio

La disciplina es una cualidad fundamental para Capricornio. Son personas organizadas y metódicas que valoran la estructura y la responsabilidad en todas las áreas de sus vidas. Los capricornianos son conocidos por su ética de trabajo incansable y su capacidad para mantenerse enfocados en sus objetivos a pesar de las distracciones o los contratiempos.

La responsabilidad es otro rasgo distintivo de Capricornio. Son individuos confiables y dignos de confianza que asumen sus compromisos con seriedad y dedicación. Ya sea en el trabajo, en la familia o en sus relaciones personales, los capricornianos siempre están dispuestos a cumplir con sus deberes y obligaciones. Su integridad y honestidad les ganan el respeto y la admiración de quienes los rodean.

Cómo Capricornio busca la estabilidad y el éxito en la vida

La búsqueda de estabilidad y éxito es una prioridad clave para Capricornio. Estos individuos están decididos a construir una base sólida para su futuro y están dispuestos a trabajar duro para lograr sus objetivos. La estabilidad financiera es especialmente importante para Capricornio, ya que les brinda seguridad y tranquilidad en un mundo en constante cambio.

Los capricornianos son expertos en establecer y alcanzar metas a largo plazo. Su enfoque disciplinado y su capacidad para mantenerse enfocados en el resultado final les permite avanzar de manera constante hacia el éxito. Son conscientes de sus fortalezas y debilidades, y están dispuestos a trabajar en áreas de mejora para alcanzar sus objetivos.

10.2 Compatibilidad de Capricornio:

Capricornio, el signo del zodíaco regido por la disciplina y la ambición, exhibe una serie de dinámicas diferentes en sus relaciones con los otros signos del zodíaco. Su compatibilidad varía según las características individuales de cada signo y cómo interactúan con las cualidades distintivas de Capricornio. En general, Capricornio tiende a llevarse bien con signos que comparten su enfoque práctico y su deseo de estabilidad y éxito en la vida.

Con signos de tierra como Tauro y Virgo, Capricornio encuentra una afinidad natural. Estos signos comparten una mentalidad práctica y terrenal, así como un enfoque en la estabilidad y la seguridad. La relación entre Capricornio y los signos de tierra tiende a ser estable y duradera, ya que ambos valoran la lealtad, la confiabilidad y el trabajo duro.

Con signos de agua como Cáncer y Escorpio, Capricornio puede experimentar una conexión emocional profunda. Aunque estos signos pueden tener enfoques diferentes hacia la vida, Capricornio puede encontrar consuelo y apoyo en la sensibilidad y la comprensión intuitiva de los signos de agua. Sin embargo, la diferencia en los estilos de vida y las necesidades emocionales puede requerir un compromiso y comunicación constantes para mantener la armonía.

Con signos de fuego como Aries y Leo, Capricornio puede experimentar una dinámica interesante y desafiante. Si bien ambos signos tienen cualidades complementarias, como la determinación y la ambición, también pueden surgir conflictos debido a diferencias en la forma de abordar los desafíos y las prioridades en la vida. Sin embargo, si ambas partes están dispuestas a comprometerse y apoyarse mutuamente, la relación puede ser gratificante y llena de pasión.

Con signos de aire como Géminis y Acuario, Capricornio puede encontrar una conexión intelectual estimulante. Estos signos valoran la libertad y la exploración mental, lo que puede complementar el enfoque más práctico de Capricornio. Sin embargo, puede haber desafíos en la comunicación y la comprensión emocional, ya que Capricornio tiende a ser más reservado y centrado en la realidad.

En última instancia, la compatibilidad de Capricornio con los otros signos del zodíaco depende de una variedad de factores, incluidas las personalidades individuales, las necesidades y expectativas de cada persona, así como la disposición para comprometerse y comunicarse eficazmente. Con la paciencia, el entendimiento y el compromiso mutuo, Capricornio puede cultivar relaciones sólidas y significativas con una amplia gama de signos del zodíaco.

Capricornio con otros signos de tierra (Tauro y Virgo)

Capricornio, Tauro y Virgo comparten la misma afinidad por la estabilidad, la seguridad y el pragmatismo debido a su naturaleza terrenal. Esta combinación tiende a ser muy compatible, ya que estos signos tienen un enfoque similar hacia la vida y comparten valores fundamentales. Todos ellos valoran la responsabilidad, la lealtad y el trabajo duro, lo que les permite construir relaciones sólidas y duraderas.

Capricornio y Tauro: En esta combinación, Capricornio encuentra un compañero igualmente comprometido con el éxito y la estabilidad. Ambos signos tienen una ética de trabajo fuerte y una disposición práctica que los une en sus esfuerzos conjuntos. Comparten un amor por las comodidades de la vida y disfrutan de las cosas simples y placenteras. Esta relación está arraigada en la confianza mutua y el respeto, lo que les permite construir un futuro sólido juntos.

Capricornio y Virgo: Capricornio y Virgo comparten una mentalidad analítica y orientada a los detalles. Ambos son perfeccionistas por naturaleza y comparten un enfoque meticuloso hacia sus metas y responsabilidades. Juntos, forman un equipo eficiente y productivo que puede superar cualquier desafío que se les presente. La comunicación clara y la honestidad son elementos clave en esta relación, ya que ambos valoran la transparencia y la sinceridad en sus interacciones.

Capricornio con signos de agua (Cáncer, Escorpio y Piscis)

Capricornio, a pesar de su naturaleza terrenal, puede encontrar una conexión emocional profunda con los signos de agua debido a su sensibilidad compartida y su enfoque intuitivo de la vida. Aunque pueden surgir desafíos debido a diferencias en la forma de abordar las emociones, estas relaciones pueden ser gratificantes cuando ambas partes están dispuestas a comprometerse y comunicarse abierta y sinceramente.

Capricornio y Cáncer: En esta relación, Capricornio experimenta una conexión emocional equilibrada. Cáncer aporta sensibilidad y compasión a la relación, mientras que Capricornio ofrece seguridad y estructura. Ambos comparten un amor por la familia y el hogar, lo que les permite construir un ambiente cálido y acogedor juntos. La comunicación abierta y la comprensión mutua son fundamentales para mantener esta relación en equilibrio.

Capricornio y Escorpio: Con Escorpio, Capricornio puede encontrar una conexión intensa y transformadora. Ambos son signos poderosos y determinados que comparten una pasión por el éxito y la autosuperación. Aunque pueden surgir conflictos debido a la intensidad emocional de Escorpio y la reservada naturaleza de Capricornio, también pueden encontrar un profundo entendimiento y apoyo mutuo en sus esfuerzos conjuntos.

Capricornio y Piscis: En esta combinación, Capricornio puede encontrar un compañero comprensivo y compasivo. Piscis aporta una perspectiva imaginativa y creativa a la relación, mientras que Capricornio ofrece estabilidad y seguridad. Ambos signos pueden aprender mucho el uno del otro, ya que Piscis puede ayudar a Capricornio a conectarse con sus emociones más profundas, mientras que Capricornio puede ayudar a Piscis a mantenerse enfocado y comprometido con sus metas.

Capricornio con signos de aire (Géminis, Libra y Acuario)

Capricornio, siendo un signo de tierra, puede encontrar desafíos en sus relaciones con los signos de aire debido a las diferencias en la forma de abordar la vida y las prioridades. Sin embargo, cuando se establece una comunicación clara y se encuentran puntos en común, estas relaciones pueden ser estimulantes y enriquecedoras para ambas partes.

Capricornio y Géminis: Con Géminis, Capricornio experimenta una relación llena de estímulo intelectual y diversión. Géminis aporta una energía vivaz y curiosa a la relación, mientras que Capricornio ofrece estabilidad y seguridad. Aunque pueden surgir conflictos debido a diferencias en la forma de abordar la vida y la comunicación, también pueden aprender mucho el uno del otro y disfrutar de una relación llena de variedad y aventura.

Capricornio y Libra: Con Libra, Capricornio puede encontrar un compañero equilibrado y diplomático. Libra aporta armonía y cooperación a la relación, mientras que Capricornio ofrece estabilidad y pragmatismo. Ambos signos valoran la justicia y la igualdad, lo que les permite resolver conflictos de manera efectiva y trabajar juntos hacia objetivos compartidos. La comunicación abierta y la disposición para comprometerse son fundamentales para mantener esta relación en armonía.

Capricornio y Acuario: Con Acuario, Capricornio puede experimentar una conexión estimulante y progresiva. Acuario aporta innovación y originalidad a la relación, mientras que Capricornio ofrece estabilidad y perseverancia. Ambos signos comparten un interés en el progreso y la autosuperación, lo que les permite trabajar juntos en proyectos significativos y desafiantes. La comunicación clara y la disposición para aceptar la individualidad del otro son importantes para mantener esta relación en equilibrio.

Capricornio con signos de fuego (Aries, Leo y Sagitario)

Capricornio y Aries: En esta combinación, Capricornio y Aries pueden encontrar una relación dinámica y desafiante. Aries aporta pasión y entusiasmo a la relación, mientras que Capricornio ofrece estabilidad y perseverancia. Aunque pueden surgir conflictos debido a diferencias en la forma de abordar la vida y la toma de decisiones, también pueden encontrar un equilibrio entre la acción impulsiva de Aries y la cautela de Capricornio, lo que les permite trabajar juntos hacia metas comunes.

Capricornio y Leo: Con Leo, Capricornio puede experimentar una conexión poderosa y ambiciosa. Leo aporta confianza y determinación a la relación, mientras que Capricornio ofrece estabilidad y seguridad. Ambos signos comparten un deseo de éxito y reconocimiento, lo que les permite trabajar juntos en proyectos ambiciosos y desafiantes. La comunicación clara y la disposición para apoyarse mutuamente en sus aspiraciones son fundamentales para mantener esta relación en armonía.

Capricornio y Sagitario: En esta combinación, Capricornio y Sagitario pueden encontrar una relación emocionante y aventurera. Sagitario aporta optimismo y exploración a la relación, mientras que Capricornio ofrece estabilidad y pragmatismo. Aunque pueden surgir desafíos debido a diferencias en la forma de abordar la vida y la planificación a largo plazo, también pueden aprender mucho el uno del otro y disfrutar de una relación llena de aventuras y descubrimientos.

Estrategias para construir una base sólida y duradera en una relación con Capricornio

1. **Demostrar estabilidad y compromiso:** Capricornio valora la estabilidad y la seguridad en una relación. Para construir una base sólida, es importante demostrar un compromiso genuino y una disposición para trabajar en equipo para superar los desafíos que puedan surgir.

2. **Comunicación clara y honesta:** La comunicación es fundamental para cualquier relación exitosa. Capricornio aprecia la honestidad y la transparencia en las interacciones. Es importante mantener abiertas las líneas de comunicación y abordar cualquier problema o

preocupación de manera directa y constructiva.

3. **Respetar su necesidad de tiempo y espacio:**
   Capricornio valora su independencia y su tiempo
   personal. Es importante respetar su necesidad de tiempo
   y espacio para reflexionar y recargar energías. Esto no
   significa que estén distantes emocionalmente, sino que
   aprecian momentos de soledad para procesar sus
   pensamientos y emociones.

4. **Apoyar sus metas y ambiciones:** Capricornio es
   ambicioso y trabaja arduamente para alcanzar sus metas.
   Apoyar sus aspiraciones y mostrar interés en sus logros
   demuestra tu aprecio por su dedicación y determinación.
   Ofrecer aliento y estar presente durante los momentos
   difíciles fortalecerá el vínculo entre ustedes.

5. **Crear rituales y tradiciones compartidas:** Establecer
   rituales y tradiciones especiales fortalece el vínculo
   emocional entre tú y Capricornio. Puede ser algo tan
   simple como una noche de películas los viernes o una
   escapada anual a un lugar favorito. Estas experiencias
   compartidas crean recuerdos duraderos y fortalecen la
   conexión entre ustedes.

6. **Demostrar confianza y lealtad:** La confianza es
   fundamental para cualquier relación con Capricornio.
   Demuestra tu lealtad y compromiso siendo honesto y
   confiable en todas tus acciones. Evita comportamientos
   que puedan socavar la confianza, como la deshonestidad
   o la falta de compromiso.

7. **Celebrar los éxitos juntos:** Reconocer y celebrar los
   logros mutuos refuerza el vínculo entre tú y Capricornio.
   Ya sea un ascenso laboral, un hito personal o un logro en

la relación, tomarse el tiempo para celebrar juntos fortalece la conexión emocional y fomenta un sentido de orgullo compartido.

8. **Ser paciente y comprensivo:** Capricornio puede ser reservado y cauteloso al principio, especialmente cuando se trata de compartir emociones profundas. Sé paciente y comprensivo mientras Capricornio se abre lentamente a ti. Cultivar un ambiente de confianza y seguridad les permitirá a ambos compartir más plenamente sus pensamientos y sentimientos.

10.3 Consejos para convivir con Capricornio:

Exploraremos estrategias efectivas para una convivencia armoniosa y exitosa con Capricornio. Desde comprender y apreciar su ambición hasta fomentar un entorno de trabajo y responsabilidad, así como mostrar apoyo y aliento en su camino hacia el éxito, estos consejos te ayudarán a fortalecer tu relación con este signo determinado y trabajador.

Cómo entender y apreciar la ambición y la determinación de Capricornio

Capricornio es conocido por su ambición y determinación para alcanzar el éxito en todos los aspectos de la vida. Para convivir armoniosamente con un Capricornio, es fundamental comprender y apreciar su impulso hacia el logro de metas y su dedicación para alcanzarlas. Aquí hay algunas estrategias para entender y valorar esta característica distintiva de Capricornio:

1. **Reconocer sus metas y aspiraciones:** Tómate el tiempo para conocer las metas y sueños de Capricornio. Escucha

atentamente sus ambiciones profesionales, personales y emocionales, y muestra interés genuino en su progreso hacia ellas.

2. **Apoyar sus esfuerzos:** Ofrece tu apoyo y aliento en el camino hacia el éxito. Reconoce sus logros y celebra sus hitos, por pequeños que sean. Un estímulo positivo refuerza su determinación y le hace sentir valorado en su búsqueda de excelencia.

3. **Comprender su ética de trabajo:** Capricornio valora la disciplina, la responsabilidad y el trabajo duro. Respeta su ética de trabajo y su compromiso con la excelencia. Evita criticar su dedicación o esfuerzos, en su lugar, elogia su perseverancia y enfoque.

4. **Ser paciente:** La ambición de Capricornio puede llevarlos a concentrarse intensamente en sus objetivos, a veces a expensas de otras áreas de la vida. Sé paciente y comprensivo mientras trabajan arduamente para alcanzar sus metas, y recuerda que también necesitan tiempo para relajarse y recargar energías.

Fomentar un ambiente de trabajo y responsabilidad para Capricornio

Para un Capricornio, el entorno de trabajo y la responsabilidad son fundamentales para su sentido de realización y éxito. Al crear un ambiente que respalde estas necesidades, puedes ayudar a Capricornio a prosperar y alcanzar su máximo potencial. Aquí hay algunas formas de fomentar un ambiente de trabajo y responsabilidad para Capricornio:

1. **Establecer metas claras y alcanzables:** Define metas

claras y alcanzables para ti y para Capricornio en el trabajo o en cualquier proyecto conjunto. Establecer objetivos específicos les da un sentido de propósito y dirección, y les motiva a trabajar con determinación para alcanzarlos.

2. **Promover la organización y la eficiencia:** Capricornio valora la eficiencia y la productividad. Fomenta la organización y la planificación cuidadosa en el entorno de trabajo, y apoya a Capricornio en la gestión efectiva del tiempo y los recursos para alcanzar sus objetivos de manera eficiente.

3. **Proporcionar reconocimiento y recompensas:** Reconoce y recompensa los logros de Capricornio en el trabajo. El reconocimiento público y las recompensas tangibles, como bonificaciones o ascensos, son formas efectivas de motivar a Capricornio y demostrar tu aprecio por su arduo trabajo y dedicación.

4. **Fomentar un ambiente profesional:** Crea un ambiente de trabajo profesional y respetuoso que refleje los valores de disciplina y responsabilidad de Capricornio. Evita el desorden y la distracción, y promueve la colaboración y el trabajo en equipo para lograr objetivos comunes.

Formas de mostrar apoyo y aliento en el camino hacia el éxito de Capricornio

Apoyar y alentar a Capricornio en su búsqueda del éxito es esencial para fortalecer la relación y ayudarles a alcanzar su máximo potencial. Aquí hay algunas formas de mostrar tu apoyo y aliento en el camino hacia el éxito de Capricornio:

1. **Brindar apoyo emocional:** Escucha activamente a Capricornio y ofrece tu apoyo emocional en momentos de duda o dificultad. Sé un confidente comprensivo y alienta a Capricornio a expresar sus preocupaciones y aspiraciones libremente.

2. **Involucrarse activamente en sus intereses:** Muestra interés en los intereses y pasatiempos de Capricornio, y participa activamente en actividades que les apasionan. Tu participación demuestra tu compromiso con su felicidad y bienestar, y fortalece el vínculo entre ustedes.

3. **Proporcionar recursos y oportunidades:** Ayuda a Capricornio a identificar y aprovechar oportunidades de crecimiento y desarrollo profesional. Proporciona recursos y conexiones que puedan beneficiar su carrera o proyectos personales, y ofrece tu apoyo para ayudarles a alcanzar sus objetivos.

4. **Celebrar los éxitos juntos:** Celebra los logros e hitos de Capricornio juntos como pareja. Organiza una cena especial, planifica una escapada de fin de semana o simplemente toma un momento para reconocer y apreciar sus logros. Tu apoyo y celebración fortalecen su confianza y motivación para seguir adelante en su camino hacia el éxito.

Capítulo 11: Acuario - El Visionario

En el vasto cosmos del zodíaco, Acuario irradia una energía única como "El Visionario". Este signo, representado por el portador del agua, trae consigo una mezcla fascinante de originalidad, innovación y humanitarismo. El capítulo 11 nos invita a sumergirnos en el mundo de Acuario, donde la mente visionaria se entrelaza con la búsqueda constante de la humanidad por el progreso y la igualdad.

Acuario se erige como el visionario del zodíaco, manifestando una perspectiva futurista que desafía las normas establecidas y da forma a un mundo nuevo y emocionante. Es el innovador, el rebelde intelectual que cuestiona el status quo y busca soluciones creativas para los problemas del mundo. En su esencia, Acuario representa la libertad, la originalidad y la vanguardia del pensamiento.

La personalidad de Acuario es una mezcla intrigante de independencia y altruismo. Aunque valora su libertad individual, también se preocupa profundamente por el bienestar de la humanidad en su conjunto. Es un humanitario en el verdadero sentido de la palabra, dedicado a causas sociales y comprometido con la lucha por la igualdad y la justicia para todos. Su visión del mundo es inclusiva y progresista, y está impulsada por un deseo innato de hacer del mundo un lugar mejor para las generaciones futuras.

La determinación de Acuario para desafiar las convenciones y perseguir sus ideales puede inspirar a otros a seguir su ejemplo. Su mente brillante está constantemente generando ideas innovadoras y revolucionarias que pueden cambiar el curso de la historia. Sin embargo, su enfoque a veces puede parecer excéntrico o impredecible para aquellos que no comparten su visión única del mundo.

En su búsqueda de la verdad y la sabiduría, Acuario se embarca en un viaje de autodescubrimiento y exploración intelectual. Es un pensador profundo y visionario que busca comprender el universo en toda su complejidad. Su mente está abierta a nuevas ideas y perspectivas, y está constantemente buscando expandir sus horizontes mentales.

La compatibilidad de Acuario con los demás signos del zodíaco es fascinante de explorar. Su naturaleza libre y progresista a menudo encuentra afinidad con signos que comparten su pasión por el cambio y la innovación. Sin embargo, su independencia y su enfoque poco convencional pueden desafiar las relaciones más tradicionales.

11.1 Personalidad de Acuario:

La personalidad de Acuario es una amalgama intrigante de originalidad, independencia y humanitarismo. Representado por el portador del agua, este signo del zodíaco irradia una energía única que desafía las convenciones y abraza la innovación. Acuario es conocido por su mente brillante y su visión futurista, así como por su profundo compromiso con la humanidad y su deseo de crear un mundo mejor para todos.

La originalidad y la independencia de Acuario

Acuario es un signo profundamente original e independiente. Desde una edad temprana, destacan por su individualidad y su capacidad para pensar fuera de lo común. No les gusta seguir las normas establecidas y prefieren forjar su propio camino en la vida. Su creatividad y su ingenio los distinguen, y a menudo están adelantados a su tiempo en términos de ideas y perspectivas.

La independencia es un rasgo distintivo de Acuario. Valorando su libertad por encima de todo, son renuentes a ser controlados o restringidos de ninguna manera. Prefieren tomar decisiones por sí mismos y seguir su propio camino en lugar de adherirse a las expectativas de la sociedad. Esta independencia puede llevarlos a desafiar la autoridad y a buscar la libertad en todos los aspectos de sus vidas.

La visión futurista y la humanidad de Acuario

Acuario es un visionario en el verdadero sentido de la palabra. Su mente está constantemente sintonizada con el futuro, imaginando nuevas posibilidades y explorando nuevas fronteras. Ven el mundo a través de una lente futurista y están siempre buscando maneras de mejorar y evolucionar. Su visión del mundo es inclusiva y progresista, y están comprometidos con la creación de una sociedad más igualitaria y justa para todos.

Sin embargo, a pesar de su enfoque en el futuro, Acuario también es profundamente humano en su enfoque de la vida. Se preocupan por el bienestar de la humanidad en su conjunto y están comprometidos con la lucha por la justicia social y la igualdad. Son humanitarios en el verdadero sentido de la palabra, dedicados a causas sociales y dispuestos a luchar por lo que creen que es correcto, incluso si eso significa ir en contra de la corriente.

Cómo Acuario busca la innovación y el progreso en la sociedad

Acuario es un agente del cambio y la innovación en la sociedad. Con su mente brillante y su visión futurista, están constantemente buscando nuevas formas de hacer las cosas y desafiando el status quo. Son pioneros en muchos campos, desde la tecnología hasta la ciencia y las artes, y están siempre buscando maneras de impulsar el progreso y el avance en la sociedad.

Una de las formas en que Acuario busca la innovación y el progreso es a través de la colaboración y el intercambio de ideas. Son ávidos colaboradores y disfrutan trabajando con personas de diferentes orígenes y disciplinas para generar nuevas ideas y soluciones. Su mente abierta y su enfoque no convencional a menudo conducen a avances significativos en diversas áreas.

Además, Acuario está constantemente buscando maneras de hacer del mundo un lugar mejor para vivir. Ya sea a través de proyectos humanitarios, activismo social o simplemente actos cotidianos de bondad, están comprometidos con la creación de un mundo más justo, equitativo y sostenible para las generaciones futuras. Su visión y su compromiso con el cambio positivo inspiran a otros a unirse a ellos en su búsqueda de un mundo mejor.

11.2 Compatibilidad de Acuario:

La compatibilidad de Acuario con los 12 signos del zodíaco es tan diversa como su propia naturaleza independiente y progresista. Como signo de aire, Acuario tiende a llevarse bien con otros signos de aire (Géminis y Libra), así como con signos de fuego (Aries, Leo y Sagitario), que comparten su pasión por la aventura y la innovación. Con signos de agua (Cáncer, Escorpio y Piscis), Acuario puede encontrar una conexión emocional profunda, aunque a veces puede haber conflictos debido a las diferencias en el enfoque de la vida. Con signos de tierra (Tauro, Virgo y Capricornio), la relación puede ser desafiante pero también complementaria, ya que Acuario aporta una perspectiva única y una visión futurista que puede inspirar a estos signos más prácticos.

En general, la compatibilidad de Acuario con otros signos del zodíaco depende en gran medida de la disposición de ambas partes para aceptar y apreciar las diferencias entre ellos. Acuario valora la libertad y la independencia, por lo que las relaciones que le permiten mantener su individualidad tienden a ser más exitosas. Además, la comunicación abierta y la voluntad de compromiso son fundamentales para cultivar relaciones duraderas con Acuario, ya que valoran la honestidad y la autenticidad en sus conexiones personales.

Acuario con otros signos de aire (Géminis y Libra)

Acuario, como signo de aire, comparte con Géminis y Libra una afinidad por la comunicación, la creatividad y la exploración intelectual. Estos signos se sienten atraídos mutuamente por su espíritu curioso y su deseo de aprender y descubrir nuevas ideas. La compatibilidad entre Acuario y los otros signos de aire se manifiesta de la siguiente manera:

Acuario y Géminis: Tienen una relación llena de estímulo intelectual y social. Ambos disfrutan de conversaciones profundas y animadas, así como de actividades sociales y aventuras. Comparten una afinidad natural por la variedad y la novedad, lo que hace que su relación sea emocionante y dinámica.

Acuario y Libra: Se basa en su amor compartido por la armonía y la justicia. Ambos valoran la equidad y la igualdad, lo que les permite construir una relación basada en el respeto mutuo y la cooperación. Su capacidad para ver diferentes perspectivas y su deseo de encontrar soluciones equitativas los une en una asociación intelectual y socialmente consciente.

Acuario con signos de fuego (Leo, Sagitario y Aries)

Acuario, con su naturaleza innovadora y su visión futurista, puede encontrar una conexión estimulante con los signos de fuego. La compatibilidad entre Acuario y los signos de fuego se manifiesta de la siguiente manera:

Acuario y Leo: Tienen una relación llena de energía y entusiasmo. Ambos son apasionados y creativos, lo que les permite inspirarse mutuamente y compartir grandes aventuras juntos. Aunque pueden surgir conflictos debido a sus diferencias en la forma de abordar la vida, su respeto mutuo y su admiración por las habilidades del otro los ayuda a superar cualquier obstáculo.

Acuario y Sagitario: Se basa en su amor compartido por la aventura y la exploración. Ambos disfrutan de la libertad y la independencia, lo que les permite respetar los espacios individuales en la relación. Su capacidad para pensar fuera de lo común y su deseo de explorar nuevos horizontes los une en una asociación emocionante y llena de posibilidades.

Acuario y Aries: Tienen una relación marcada por la energía y la acción. Ambos son individuos independientes y originales, lo que les permite admirarse mutuamente por su determinación y espíritu aventurero. Aunque pueden surgir conflictos debido a su naturaleza terca y obstinada, su pasión compartida por la vida y su capacidad para perdonar y olvidar rápidamente los desacuerdos los ayuda a mantener una relación emocionante y llena de energía.

Principio del formulario

Acuario con signos de tierra (Tauro, Virgo y Capricornio)

Acuario, con su mentalidad innovadora y su enfoque progresista, puede encontrar desafíos, pero también oportunidades de crecimiento con los signos de tierra. La compatibilidad entre Acuario y los signos de tierra se manifiesta de la siguiente manera:

Acuario y Tauro: Tienen una relación basada en la estabilidad y la confiabilidad. Aunque pueden tener diferentes enfoques hacia la vida, su respeto mutuo por las fortalezas del otro y su disposición para comprometerse los ayuda a construir una base sólida para su relación.

Acuario y Virgo: Se basa en su amor compartido por el pensamiento lógico y analítico. Ambos valoran la inteligencia y la eficiencia, lo que les permite trabajar bien juntos en proyectos prácticos y analíticos. Su capacidad para complementarse mutuamente y su disposición para aprender el uno del otro los une en una asociación productiva y enriquecedora.

Acuario y Capricornio: Tienen una relación basada en el respeto mutuo y la admiración. Aunque pueden tener diferentes enfoques hacia la vida, su determinación y su ética de trabajo compartidas los ayudan a superar cualquier obstáculo que puedan enfrentar. Su capacidad para apoyarse mutuamente en sus metas y aspiraciones los une en una asociación sólida y duradera.

Acuario con signos de agua (Cáncer, Escorpio y Piscis)

Acuario, con su enfoque racional y su visión futurista, puede encontrar una conexión única y desafiante con los signos de agua, que son más emocionales y sensibles. La compatibilidad entre Acuario y los signos de agua se manifiesta de la siguiente manera:

Acuario y Cáncer: Tienen una relación marcada por la complementariedad. Aunque pueden tener diferentes formas de expresar sus emociones, ambos se pueden enseñar y aprender mutuamente. Cáncer puede enseñar a Acuario a conectarse más profundamente con sus sentimientos, mientras que Acuario puede inspirar a Cáncer a ser más independiente y adaptable.

Acuario y Escorpio: Tienen una relación llena de intensidad y profundidad emocional. Aunque pueden chocar debido a sus diferencias en la forma de abordar la vida, su pasión compartida por el cambio y la transformación puede unirlos en una relación poderosa y significativa. Ambos pueden desafiar al otro a crecer y evolucionar en su viaje personal.

Acuario y Piscis: Tienen una relación basada en la comprensión y la empatía mutua. Aunque pueden tener diferentes enfoques hacia la vida, ambos son capaces de apreciar y respetar las diferencias del otro. La imaginación y la sensibilidad de Piscis pueden complementar la mente lógica y racional de Acuario, creando una relación equilibrada y armoniosa.

Estrategias para fomentar la libertad y la individualidad en una relación con Acuario

Para cultivar una relación saludable y armoniosa con un Acuario, es fundamental comprender y apoyar su necesidad innata de libertad y autonomía. Aquí hay algunas estrategias para fomentar la libertad y la individualidad en una relación con Acuario:

1. Fomenta la independencia: Acuario valora su independencia y libertad personal por encima de todo. Para fortalecer la relación, es crucial brindarle espacio para explorar sus intereses individuales y perseguir sus pasiones. Respeta su necesidad de tiempo a solas y no intentes limitar su libertad.

2. Estimula la comunicación abierta: Aunque Acuario disfruta de su libertad, también valora la conexión emocional y la comunicación sincera en una relación. Fomenta un ambiente de apertura y honestidad, donde ambos puedan expresar sus pensamientos, sentimientos y deseos libremente. Escucha activamente sus ideas y respeta su punto de vista, incluso si difiere del tuyo.

3. Apoya sus proyectos y metas: Acuario es conocido por su espíritu visionario y su pasión por el progreso. Demuestra tu apoyo y admiración por sus proyectos y metas, incluso si pueden parecer poco convencionales o ambiciosos. Anímale a perseguir sus sueños y ofrece tu ayuda cuando la necesite, pero también respeta su autonomía en la toma de decisiones.

4. Fomenta la diversidad y la originalidad: Acuario se siente atraído por la originalidad y la diversidad en todas sus formas. Celebra su individualidad y valora su perspectiva única del mundo. Experimenta juntos actividades nuevas y emocionantes que fomenten la creatividad y la innovación. Permítele ser quien realmente es, sin juzgarlo ni tratar de cambiarlo.

5. Mantén una mentalidad abierta: Acuario disfruta explorando nuevas ideas y conceptos. Mantén una mente abierta y receptiva a sus sugerencias e innovaciones. Estimula la discusión intelectual y el intercambio de ideas, y no temas desafiar tu propio pensamiento convencional. La diversidad de opiniones puede enriquecer la relación y fomentar el crecimiento personal y mutuo.

6. Respeta su necesidad de espacio: A pesar de su amor por la compañía, Acuario también valora su tiempo a solas para reflexionar y recargar energías. Respeta su necesidad de espacio personal y no te sientas herido si busca momentos de soledad. Utiliza este tiempo para dedicarte a tus propios intereses y hobbies, lo que también fortalecerá la independencia en la relación.

Al adoptar estas estrategias, puedes crear un ambiente de confianza, respeto y libertad en tu relación con Acuario. Al fomentar su individualidad y apoyar su búsqueda de libertad, fortalecerás el vínculo entre ustedes y disfrutarás de una conexión emocional y espiritual duradera.

11.3 Consejos para convivir con Acuario:

Convivir con un Acuario puede ser una experiencia emocionante y enriquecedora. Este signo del zodíaco se caracteriza por su individualidad, su creatividad y su pasión por las ideas innovadoras. Para mantener una relación armoniosa y satisfactoria con un Acuario, es importante comprender y apoyar sus necesidades y deseos únicos. Aquí tienes algunos consejos para convivir con este fascinante signo:

Cómo respetar la necesidad de independencia y espacio personal de Acuario

Acuario valora su independencia y libertad por encima de todo. Para convivir de manera armoniosa con este signo, es fundamental respetar su necesidad de espacio personal y autonomía. Aquí hay algunas formas de hacerlo:

1. **Comunicación abierta:** Habla abiertamente con Acuario sobre sus necesidades y expectativas en términos de espacio personal. Asegúrate de expresar tus propias necesidades también, y juntos, encuentren un equilibrio que funcione para ambos.

2. **Tiempo a solas:** Permítele a Acuario tener tiempo a solas para recargar energías y reflexionar. Respeta su espacio y no te sientas ofendido si prefiere pasar tiempo a solas de vez en cuando.

3. **Apoya sus intereses individuales:** Anima a Acuario a perseguir sus pasiones e intereses individuales. Ya sea que disfrute de la lectura, la pintura o la exploración de nuevas ideas, apoya sus actividades que fomenten su crecimiento personal y su independencia.

4. **No lo presiones:** Evita presionar a Acuario para que se comprometa demasiado rápido o para que pase más tiempo contigo del que está cómodo. Dale espacio para que respire y tome decisiones en su propio tiempo.

Apoyar las causas y la creatividad de Acuario

Acuario es conocido por su compromiso con las causas sociales y su creatividad innovadora. Para convivir de manera efectiva con este signo, es importante apoyar sus intereses y proyectos. Aquí tienes algunas formas de hacerlo:

1. **Participa en actividades solidarias:** Únete a Acuario en actividades que apoyen las causas sociales que le apasionan. Ya sea que se trate de voluntariado, activismo político o proyectos comunitarios, tu apoyo significará mucho para él.

2. **Fomenta su creatividad:** Anima a Acuario a expresar su creatividad de diversas formas. Ya sea a través del arte, la música, la escritura o la tecnología, alienta sus esfuerzos creativos y celebra sus logros.

3. **Escucha sus ideas:** Acuario es conocido por sus ideas innovadoras y visionarias. Escucha activamente sus ideas y perspectivas, y demuestra interés genuino por lo que tiene que decir. Reconoce y valora su originalidad y creatividad.

4. **Sé su mayor admirador:** Apoya los proyectos y metas de Acuario con entusiasmo y optimismo. Sé su mayor defensor y aliado en sus esfuerzos por hacer del mundo un lugar mejor y más creativo.

Formas de compartir ideas innovadoras y aventuras emocionantes con Acuario

Una de las cosas más emocionantes de convivir con un Acuario es la oportunidad de explorar ideas innovadoras y aventuras emocionantes juntos. Aquí hay algunas formas de compartir experiencias significativas con este signo:

1. **Brainstorming conjunto:** Dedica tiempo para brainstorming juntos sobre proyectos, ideas o soluciones creativas para problemas. Acuario disfruta de las discusiones estimulantes y puede generar ideas innovadoras cuando trabaja en equipo.
2. **Exploración y descubrimiento:** Planifica aventuras emocionantes y descubrimientos juntos, ya sea que se trate de viajar a nuevos lugares, probar actividades al aire libre o participar en experiencias culturales y artísticas.
3. **Comparte tu perspectiva:** No tengas miedo de compartir tus propias ideas e intereses con Acuario. Valora la diversidad de pensamiento y el intercambio de ideas que caracteriza su relación.
4. **Mantén la mente abierta:** Acuario disfruta de desafiar el status quo y explorar nuevas fronteras. Mantén una mente abierta y dispuesta a experimentar cosas nuevas y emocionantes junto a él.

Al seguir estos consejos, podrás disfrutar de una relación satisfactoria y enriquecedora con un Acuario. Celebra su individualidad, apoya su creatividad y disfruta de la aventura de explorar juntos nuevas ideas y experiencias emocionantes.

Capítulo 12: Piscis - El Soñador

Piscis, el último signo del zodíaco, es conocido por su naturaleza compasiva, imaginativa y soñadora. Representado por dos peces nadando en direcciones opuestas, simboliza la dualidad inherente a este signo: la conexión entre el mundo material y el espiritual. Exploramos las características distintivas de este signo y cómo influyen en su personalidad y enfoque de la vida.

Los Piscis son profundamente empáticos y sensibles, lo que les permite conectarse con las emociones y experiencias de los demás de una manera única. Su compasión natural los convierte en excelentes oyentes y consejeros, siempre dispuestos a ofrecer apoyo y consuelo a quienes los rodean. Sin embargo, esta sensibilidad también puede hacer que los Piscis sean propensos a absorber las emociones negativas de los demás, lo que puede resultar abrumador en ocasiones.

La imaginación y la creatividad son rasgos distintivos de los Piscis. Son verdaderos soñadores que disfrutan sumergirse en mundos de fantasía y escapar de la realidad a través del arte, la música o la escritura. Esta naturaleza creativa les permite expresar sus emociones de manera única y encontrar belleza en los rincones más oscuros de la vida. Los Piscis a menudo encuentran inspiración en el mundo que los rodea y pueden canalizar su creatividad en proyectos significativos que reflejen sus valores y creencias.

La intuición desempeña un papel importante en la vida de un Piscis. Confían en su voz interior para guiarlos en la toma de decisiones y en la navegación de las complejidades de la vida. A menudo, los Piscis tienen una conexión profunda con el mundo espiritual y pueden percibir cosas que escapan a la comprensión racional. Esta sensibilidad intuitiva les permite sintonizar con las energías sutiles del universo y navegar por la vida con un sentido de propósito y dirección.

Aunque los Piscis son conocidos por su naturaleza gentil y compasiva, también pueden ser propensos a la evasión y al escapismo. A veces, prefieren evadir los desafíos y las responsabilidades de la vida real en favor de sus mundos internos de fantasía. Esto puede llevarlos a buscar refugio en actividades como el cine, la música o la meditación, donde puedan desconectar temporalmente de las demandas del mundo exterior.

En las relaciones, los Piscis son románticos y afectuosos, buscando una conexión profunda y significativa con su pareja. Son leales y devotos, dispuestos a hacer sacrificios por el bienestar de sus seres queridos. Sin embargo, su naturaleza emocionalmente sensible puede hacer que sean vulnerables a la manipulación o el abuso por parte de personas menos escrupulosas. Es importante que los Piscis establezcan límites saludables y se rodeen de personas que valoren y respeten su sensibilidad.

12.1 Personalidad de Piscis:

Piscis, el signo final del zodíaco, se caracteriza por su profunda sensibilidad y su naturaleza compasiva. Representados por dos peces nadando en direcciones opuestas, los Piscis son conocidos por su capacidad para sumergirse en las emociones y experiencias de los demás, así como por su imaginación desbordante y su conexión con el mundo espiritual.

La sensibilidad y la compasión de Piscis

Los Piscis son extremadamente sensibles y empáticos, lo que les permite sentir las emociones de los demás de una manera profunda y significativa. Son verdaderos empatas, capaces de sintonizar con las necesidades y preocupaciones de quienes los rodean. Esta sensibilidad los hace excelentes oyentes y consejeros, siempre dispuestos a ofrecer apoyo y consuelo a quienes lo necesiten. Los Piscis están genuinamente preocupados por el bienestar de los demás y harán todo lo posible para ayudar a aliviar su sufrimiento.

La imaginación y la creatividad de Piscis

La imaginación desempeña un papel fundamental en la vida de un Piscis. Son soñadores innatos que disfrutan sumergirse en mundos de fantasía y explorar los rincones más profundos de su imaginación. La creatividad de los Piscis se manifiesta en diversas formas, ya sea a través del arte, la música, la escritura o cualquier otra forma de expresión artística. Están constantemente inspirados por el mundo que los rodea y tienen la capacidad de transformar sus visiones en obras de arte conmovedoras y significativas.

Cómo Piscis se conecta con el mundo a través de la

intuición y la empatía

La intuición es una fuerza poderosa en la vida de un Piscis. Confían en su voz interior para guiarlos en la toma de decisiones y en la navegación de las complejidades de la vida. Esta intuición les permite percibir cosas que escapan a la comprensión racional y los ayuda a tomar decisiones sabias y fundamentadas. Los Piscis también tienen una profunda conexión con el mundo espiritual y están constantemente sintonizando con las energías sutiles que los rodean. Esta conexión les permite encontrar significado y propósito en su vida, así como en las interacciones con los demás.

12.2 Compatibilidad de Piscis:

La compatibilidad de Piscis con los doce signos del zodíaco varía según las características individuales de cada persona y la dinámica de la relación. Como signo de agua, Piscis tiende a conectarse bien con otros signos de agua (Cáncer y Escorpio), ya que comparten una sensibilidad emocional similar y una comprensión intuitiva. También puede llevarse bien con signos de tierra (Tauro, Virgo y Capricornio), ya que aportan estabilidad y seguridad emocional a la relación. Con signos de fuego (Aries, Leo y Sagitario), Piscis puede encontrar una combinación interesante de pasión y emoción, aunque a veces puede haber conflictos debido a diferencias en la expresión emocional. Con signos de aire (Géminis, Libra y Acuario), Piscis puede disfrutar de una conexión mental y creativa, pero puede haber desafíos para entender las necesidades emocionales de Piscis. En general, Piscis es adaptable y compasivo, lo que facilita la conexión con una amplia gama de personalidades. Sin embargo, es importante recordar que la compatibilidad en las relaciones es única para cada pareja y depende de diversos factores individuales.

• • • •

Piscis con otros signos de agua (Cáncer y Escorpio)

Piscis, como signo de agua, comparte con Cáncer y Escorpio una profunda sensibilidad emocional y una conexión intuitiva con el mundo emocional. Estos signos se sienten atraídos mutuamente por su capacidad para entenderse sin palabras y por su deseo de una conexión emocional profunda. La compatibilidad entre Piscis y los otros signos de agua se manifiesta de la siguiente manera:

Piscis y Cáncer: Tienen una conexión emocional natural y una comprensión instintiva entre ellos. Ambos signos valoran la intimidad y la seguridad emocional en una relación, lo que les permite construir un vínculo profundo y significativo. Comparten una sensibilidad artística y una comprensión intuitiva de las necesidades emocionales del otro, lo que fortalece su conexión.

Piscis y Escorpio: Existe una atracción magnética entre Piscis y Escorpio debido a su profunda conexión emocional y su capacidad para entenderse a un nivel más profundo. Ambos signos comparten una pasión por explorar las profundidades del alma y disfrutan de conversaciones íntimas y significativas. Su relación está llena de intensidad emocional y una comprensión mutua que les permite superar cualquier obstáculo juntos.

Piscis con signos de tierra (Tauro, Virgo y Capricornio)

Piscis puede encontrar una conexión única con los signos de tierra debido a su enfoque práctico y su estabilidad emocional. Aunque pueden surgir desafíos debido a las diferencias en la expresión emocional, la paciencia y la comprensión mutua pueden llevar a una relación duradera y gratificante. La compatibilidad entre Piscis y los signos de tierra se manifiesta de la siguiente manera:

Piscis y Tauro: Tienen una conexión tranquila y serena, basada en la confianza y la estabilidad. Tauro proporciona a Piscis un sentido de seguridad y seguridad, mientras que Piscis infunde romance y fantasía en la vida de Tauro. Comparten un amor por las cosas hermosas de la vida y disfrutan de momentos de calma y tranquilidad juntos.

Piscis y Virgo: A pesar de sus diferencias, Piscis y Virgo pueden complementarse entre sí de manera única. Virgo aporta orden y estructura a la vida de Piscis, mientras que Piscis inspira a Virgo a soñar y a buscar un significado más profundo en la vida. Su relación está marcada por una combinación de pragmatismo y creatividad, lo que les permite crecer y aprender juntos.

Piscis y Capricornio: Tienen una conexión basada en el respeto mutuo y la admiración. Capricornio admira la imaginación y la creatividad de Piscis, mientras que Piscis valora la determinación y el enfoque de Capricornio en el éxito. Aunque pueden tener diferentes prioridades en la vida, pueden trabajar juntos para lograr un equilibrio entre la ambición y la espiritualidad.

Piscis con signos de aire (Géminis, Libra y Acuario)

Piscis puede encontrar una conexión mental y emocional con los signos de aire debido a su naturaleza imaginativa y su capacidad para ver el mundo desde diferentes perspectivas. Aunque pueden surgir conflictos debido a las diferencias en la forma de procesar las emociones, la comunicación abierta y la comprensión mutua pueden fortalecer su relación. La compatibilidad entre Piscis y los signos de aire se manifiesta de la siguiente manera:

Piscis y Géminis: Tienen una conexión basada en la creatividad y la curiosidad intelectual. Géminis introduce a Piscis a nuevas ideas y perspectivas, mientras que Piscis aporta profundidad emocional y sensibilidad a la relación. Su relación está marcada por una mezcla única de diversión y profundidad, lo que les permite explorar el mundo juntos de manera significativa.

Piscis y Libra: Existe una conexión natural entre Piscis y Libra, basada en la armonía y el equilibrio. Libra aprecia la naturaleza compasiva y empática de Piscis, mientras que Piscis se siente atraído por la gracia y la elegancia de Libra. Comparten un amor por el arte y la belleza, lo que les permite disfrutar de una vida llena de romance y creatividad.

Piscis y Acuario: Tienen una conexión única, basada en la individualidad y la libertad. Acuario valora la imaginación y la creatividad de Piscis, mientras que Piscis encuentra inspiración en la visión futurista y la humanidad de Acuario. Su relación está marcada por la innovación y el progreso, lo que les permite explorar nuevos horizontes juntos y crear un mundo mejor.

Piscis con signos de fuego (Aries, Leo y Sagitario)

Piscis puede experimentar una conexión emocional y creativa con los signos de fuego, aunque pueden surgir desafíos debido a las diferencias en la expresión emocional y el enfoque de la vida. Sin embargo, cuando se equilibra con comprensión y compromiso, la relación puede ser emocionante y enriquecedora. La compatibilidad entre Piscis y los signos de fuego se manifiesta de la siguiente manera:

Piscis y Aries: Tienen una conexión única, marcada por la pasión y la creatividad. Aries admira la sensibilidad y la compasión de Piscis, mientras que Piscis se siente atraído por la energía y la determinación de Aries. Aunque pueden surgir conflictos debido a las diferencias en la velocidad y el enfoque de la vida, su relación está llena de emoción y aventura.

Piscis y Leo: Existe una atracción magnética entre Piscis y Leo debido a su naturaleza romántica y carismática. Leo aporta calor y vitalidad a la vida de Piscis, mientras que Piscis proporciona un sentido de misterio y profundidad a la relación. Aunque pueden tener diferentes formas de expresar amor y afecto, pueden aprender mucho el uno del otro y crear una conexión duradera.

Piscis y Sagitario: Tienen una conexión basada en la exploración y la expansión. Sagitario admira la imaginación y la intuición de Piscis, mientras que Piscis encuentra inspiración en la filosofía y la sabiduría de Sagitario. Aunque pueden tener diferentes enfoques hacia la vida, su relación está llena de aventura y descubrimiento, lo que les permite crecer y aprender juntos.

Estrategias para cultivar una conexión emocional profunda en una relación con Piscis

Cultivar una conexión emocional profunda con Piscis puede ser gratificante y enriquecedor. Aquí hay algunas estrategias para fortalecer esa conexión:

1. Practicar la empatía y la comprensión: Piscis es un signo altamente empático y sensible, por lo que es importante mostrar empatía y comprensión hacia sus emociones. Escucha activamente sus preocupaciones y dilemas, y muestra compasión y apoyo en todo momento.

2. Fomentar la comunicación abierta y honesta: La comunicación es fundamental para construir una conexión emocional sólida. Anima a Piscis a expresar sus pensamientos, sentimientos y sueños sin temor al juicio. Sé receptivo y abierto a discutir cualquier tema que surja, y trabaja juntos para encontrar soluciones a los desafíos que enfrenten.

3. Compartir momentos de intimidad: Dedica tiempo a compartir momentos íntimos juntos, ya sea a través de conversaciones profundas, gestos cariñosos o actividades significativas. Piscis valora la conexión emocional y la intimidad en una relación, por lo que es importante crear un espacio donde ambos se sientan seguros y amados.

4. Apoyar sus pasiones y sueños: Piscis es un soñador por naturaleza, y apreciará mucho tu apoyo y aliento para perseguir sus pasiones y metas. Anímalo a seguir sus sueños y estarás fortaleciendo su confianza y su conexión contigo.

5. Mostrar gratitud y aprecio: Expresa regularmente tu gratitud y aprecio por la presencia de Piscis en tu vida. Reconoce sus esfuerzos y sacrificios, y demuéstrale cuánto significa para ti. Pequeños gestos de amor y aprecio pueden fortalecer enormemente la conexión emocional entre ustedes.

6. Ser paciente y comprensivo: Piscis puede ser emocionalmente complejo y puede necesitar tiempo para procesar sus sentimientos. Sé paciente y comprensivo mientras navegan juntos por las altas y bajas de la vida. Demuestra tu apoyo incondicional y tu disposición para estar a su lado en cada paso del camino.

7. Compartir momentos de tranquilidad y paz: Dedica tiempo a disfrutar de momentos de tranquilidad y paz juntos. Piscis apreciará la oportunidad de escapar del caos del mundo exterior y simplemente estar contigo en un espacio de calma y serenidad.

8. Practicar la aceptación incondicional: Acepta a Piscis por quien es, con todas sus virtudes y defectos. Aprecia su naturaleza intuitiva y compasiva, y respeta su necesidad de espacio y tiempo para explorar su mundo interior. La aceptación incondicional fortalecerá vuestra conexión emocional y os ayudará a crecer juntos como pareja.

12.3 Consejos para convivir con Piscis:

Convivir con Piscis puede ser una experiencia emocionante y enriquecedora debido a su sensibilidad, creatividad y naturaleza compasiva. Aquí hay algunas sugerencias para fomentar una convivencia armoniosa con este signo:

Cómo apoyar y nutrir la sensibilidad y la creatividad de Piscis

Piscis es conocido por su profunda sensibilidad y su habilidad para percibir las emociones de los demás. Para apoyar y nutrir esta sensibilidad:

- Fomenta un ambiente emocionalmente seguro y acogedor donde Piscis se sienta libre de expresar sus emociones sin temor al juicio.
- Valora su creatividad y fomenta su expresión artística. Animar a Piscis a explorar sus pasiones creativas puede ayudarlo a sentirse realizado y feliz.
- Practica la empatía y la comprensión hacia las emociones fluctuantes de Piscis. Sé un oyente compasivo y bríndale tu apoyo incondicional en momentos de necesidad emocional.

Manejar la tendencia al escapismo y la evasión de Piscis con comprensión

Piscis tiene una tendencia natural a escapar de la realidad cuando se siente abrumado por el estrés o las responsabilidades. Para ayudarlo a manejar esta tendencia:

- Sé comprensivo y paciente cuando Piscis necesite tiempo a solas para recargar energías. Respeta su necesidad de espacio y privacidad sin juzgarlo.
- Brinda apoyo emocional y aliento cuando Piscis se sienta abrumado por la vida. Ayúdalo a encontrar formas saludables de lidiar con el estrés, como la meditación, el arte o la música.
- Anima a Piscis a enfrentar los desafíos de manera constructiva en lugar de evadirlos. Ayúdalo a desarrollar estrategias para abordar los problemas de frente y encontrar soluciones prácticas.

Formas de crear un ambiente tranquilo y

espiritualmente enriquecedor para Piscis

Piscis se siente atraído por ambientes tranquilos y espiritualmente enriquecedores donde pueda conectar con su mundo interior. Para crear este tipo de ambiente:

- Crea espacios tranquilos y acogedores en tu hogar donde Piscis pueda retirarse para relajarse y reflexionar. Usa colores suaves, iluminación tenue y elementos naturales para crear una atmósfera relajante.
- Fomenta prácticas espirituales como la meditación, el yoga o la visualización creativa que ayuden a Piscis a conectar con su lado más profundo y espiritual.
- Anima a Piscis a explorar su intuición y seguir su guía interna en la toma de decisiones. Ayúdalo a confiar en sus instintos y a seguir el camino que resuene con su alma.

Siguiendo estos consejos, puedes cultivar una convivencia armoniosa y gratificante con Piscis, honrando su sensibilidad, creatividad y necesidad de conexión espiritual.

Capítulo 13: BONUS TRACK

13.1 ¿Estás en una relación con alguien que comparte tu mismo signo zodiacal?

Aunque pueda parecer que dos personas del mismo signo estarían perfectamente alineadas, la compatibilidad puede ser compleja incluso entre signos idénticos. Aquí exploramos cómo se llevan cada signo consigo mismo:

Aries y Aries: Dos Aries juntos pueden crear una dinámica explosiva. Ambos son enérgicos, apasionados y les encanta liderar, lo que puede resultar en una competencia constante por el control. Sin embargo, su compatibilidad puede ser alta si aprenden a respetar las necesidades y deseos del otro.

Tauro y Tauro: Dos Tauro comparten una profunda conexión en su amor por el lujo, la estabilidad y la seguridad material. Sin embargo, su terquedad y su resistencia al cambio pueden crear obstáculos en su relación. Si ambos pueden aprender a comprometerse y a ceder un poco, pueden construir una vida juntos llena de comodidad y seguridad.

Géminis y Géminis: Dos Géminis juntos pueden disfrutar de una relación llena de diversión, conversaciones estimulantes y aventuras emocionantes. Sin embargo, su naturaleza inquieta y su tendencia a aburrirse fácilmente pueden llevarlos a buscar constantemente nuevas experiencias fuera de la relación. La clave para su compatibilidad es mantener viva la chispa y la emoción en su relación.

Cáncer y Cáncer: Dos Cáncer comparten una conexión emocional profunda y una comprensión intuitiva mutua. Ambos valoran la familia, el hogar y la seguridad emocional, lo que puede crear una base sólida para su relación. Sin embargo, su sensibilidad puede llevarlos a ser demasiado protectores o emocionalmente dependientes el uno del otro si no establecen límites saludables.

Leo y Leo: Dos Leos juntos forman una pareja poderosa y dinámica. Comparten una pasión por el drama, la creatividad y el reconocimiento público, lo que puede llevar a una relación emocionante y llena de romance. Sin embargo, su necesidad de atención y dominio puede causar conflictos si no aprenden a compartir el centro de atención y a apoyarse mutuamente en sus objetivos.

Virgo y Virgo: Dos Virgo comparten una afinidad por la organización, la eficiencia y la perfección. Juntos, pueden formar un equipo altamente productivo y cuidadoso en el que cada uno aprecia la atención al detalle del otro. Sin embargo, su tendencia al perfeccionismo puede llevarlos a ser críticos el uno con el otro si no aprenden a aceptar las imperfecciones y a relajarse un poco.

Libra y Libra: Dos Libra juntos pueden disfrutar de una relación llena de romance, armonía y equilibrio. Comparten un amor por la belleza, la justicia y la diplomacia, lo que puede crear una conexión profunda y duradera. Sin embargo, su indecisión y su deseo de evitar conflictos pueden llevar a problemas si no aprenden a comunicarse abierta y honestamente entre ellos.

Escorpio y Escorpio: Dos Escorpio comparten una conexión emocional intensa y una pasión ardiente. Comparten una comprensión intuitiva mutua y una capacidad para explorar las profundidades emocionales juntos. Sin embargo, su naturaleza intensa y su tendencia al secreto pueden llevar a conflictos si no aprenden a confiar el uno en el otro y a abrirse completamente.

Sagitario y Sagitario: Dos Sagitario juntos pueden formar una pareja aventurera, optimista y llena de energía. Comparten una pasión por la exploración, la libertad y la expansión, lo que puede llevarlos a embarcarse en aventuras emocionantes juntos. Sin embargo, su tendencia a ser impulsivos y a buscar constantemente nuevas experiencias puede llevarlos a la falta de compromiso si no aprenden a comprometerse y a establecer metas comunes.

Capricornio y Capricornio: Dos Capricornio comparten una ambición y una determinación similares en la vida. Comparten un enfoque práctico, una ética de trabajo fuerte y un deseo de éxito y estabilidad. Sin embargo, su naturaleza reservada y su enfoque en las responsabilidades pueden llevarlos a ser demasiado serios o a distanciarse emocionalmente el uno del otro si no encuentran un equilibrio entre el trabajo y el juego.

Acuario y Acuario: Dos Acuario juntos pueden formar una pareja única, visionaria y progresista. Comparten un amor por la originalidad, la libertad y la innovación, lo que puede llevarlos a crear un vínculo intelectual profundo. Sin embargo, su naturaleza independiente y a veces distante puede llevarlos a valorar la libertad sobre la intimidad emocional si no aprenden a comprometerse y a compartir sus emociones.

Piscis y Piscis: Dos Piscis comparten una conexión emocional profunda y una compasión mutua. Comparten una sensibilidad artística, una imaginación vívida y una conexión espiritual que puede llevarlos a entenderse intuitivamente el uno al otro. Sin embargo, su naturaleza soñadora y su tendencia al escapismo pueden llevarlos a perderse en un mundo de fantasía si no aprenden a enfrentar la realidad juntos y a apoyarse mutuamente en su crecimiento emocional.

Don't miss out!

Visit the website below and you can sign up to receive emails whenever Susan Montalvo publishes a new book. There's no charge and no obligation.

https://books2read.com/r/B-A-WDTHB-EJWBD

BOOKS 2 READ

Connecting independent readers to independent writers.